Ulrike Lindner

Elternabend
in der
Grundschule

✓ einfach vorbereiten
✓ professionell durchführen
✓ lebendig gestalten

Verlag an der Ruhr

Impressum

Titel
Elternabend in der Grundschule
✓ einfach vorbereiten, ✓ professionell durchführen, ✓ lebendig gestalten

Autorin
Ulrike Lindner

Titelbildmotiv
© Christian Schwier – Fotolia.com

Verlag an der Ruhr
Mülheim an der Ruhr
www.verlagruhr.de

Geeignet für die Klassen 1–4

Unser Beitrag zum Umweltschutz:
Wir sind seit 2008 ein ÖKOPROFIT®-Betrieb und setzen uns damit aktiv für den Umweltschutz ein. Das ÖKOPROFIT®-Projekt unterstützt Betriebe dabei, die Umwelt durch nachhaltiges Wirtschaften zu entlasten.
Unsere Produkte sind grundsätzlich auf chlorfrei gebleichtes und nach Umweltschutzstandards zertifiziertes Papier gedruckt.

Urheberrechtlicher Hinweis:
Das Werk und seine Teile sind urheberrechtlich geschützt. Jede Verwendung in anderen als den gesetzlich zugelassenen Fällen bedarf der vorherigen schriftlichen Einwilligung des Verlages. Im Werk vorhandene Kopiervorlagen dürfen vervielfältigt werden, allerdings nur für jeden Schüler der eigenen Klasse/des eigenen Kurses. Die dazu notwendigen Informationen (Buchtitel, Verlag und Autor) haben wir für Sie als Service bereits mit eingedruckt. Diese Angaben dürfen weder verändert noch entfernt werden. Die Weitergabe von Kopiervorlagen oder Kopien (auch von Ihnen veränderte) an Kollegen, Eltern oder Schüler anderer Klassen/Kurse ist nicht gestattet. Bitte beachten Sie bzgl. digitaler Kopien die Informationen unter
www.schulbuchkopie.de.
Der Verlag untersagt ausdrücklich das digitale Speichern und Zurverfügungstellen dieser Materialien in Netzwerken (das gilt auch für Intranets von Schulen und sonstigen Bildungseinrichtungen), per E-Mail, Internet oder sonstigen elektronischen Medien. Keine gewerbliche Nutzung. Zuwiderhandlungen werden zivil- und strafrechtlich verfolgt.

© Verlag an der Ruhr 2013
ISBN 978-3-8346-2304-1

Printed in Germany

Inhaltsverzeichnis

Kapitel 1: Einleitung und Grundlagen..................5

Der Elternabend –
ein Klassiker der Elternarbeit 6
Es liegt in Ihrer Hand! 10
Miteinander statt gegeneinander! 10

Chancen der Elternarbeit.......... 11

Alle Jahre wieder? Plädoyer für
einen „anderen" Elternabend 14

Vier Bausteine
gelungener Elternabende 15
Baustein 1: Wertschätzung für
alle Teilnehmenden 16
Baustein 2: Konsequente
Aktivierung 17
Baustein 3: Positive Atmosphäre. 17
Baustein 4: Gekonnte Präsentation
und Visualisierung 18

Kapitel 2: Den Elternabend planen und vorbereiten ...19

Gut geplant ist halb gewonnen 20

Das steht auf der Tagesordnung:
Inhalte des Elternabends festlegen. 21
Am besten fragen 22
So finden Sie heraus, welche
Themen den Eltern wichtig sind 24
Die Klassiker – beliebte Themen
für den Grundschul-Elternabend 25

Auf einen Blick:
Acht wichtige Regeln für die Planung
Ihres Grundschul-Elternabends 27

Ziele formulieren 28
Das Ziel bestimmt die Methode 29

Und die Eltern? Blick auf die
Zielgruppe 31
Was wissen die Eltern bereits
über das Thema? 34

Kapitel 3: Vor dem Elternabend...................37

Die Einladung................. 38
Thema formulieren 39
Das gehört in jede Einladung 41
Warum nicht einmal ...? Sieben
kreative Ideen für Ihre Einladung
zum Elternabend 42

Der richtige Rahmen 45
Orientierung vor Ort 45

Orientierung über den Ablauf:
Tagesordnung 47
Atmosphäre.................... 48
Medieneinsatz und Unterlagen...... 53
Einsam oder gemeinsam? Im Vorfeld
Aufgaben delegieren............... 55

Mehrsprachige Elternabende 57
Sprachbarrieren überwinden 57
Mögliche Themen 59

Inhaltsverzeichnis

Kapitel 4: Die sechs Phasen des Elternabends 61

Phase 1: Ankommen und Orientieren 64
Wie persönlich soll ich werden? 64
Kreative Ideen für einen guten Start . . 65
Warm-up für den Abend –
das Kennenlernen 69
Methoden fürs Vorstellen und
Kennenlernen 70
Blitzlicht mit Gegenständen 71

**Phase 2: Anwärmen und
im Thema ankommen** 74
Einsteigen mit Übungen und
Lernmaterial 76

Phase 3: Informationen vermitteln . . 93
Neun Tipps für gute Vorträge 94
Methodenkompetenz: Eltern beim
Vortrag aktivieren 101
Vortragen ohne Vortrag 103
Visualisieren hilft verstehen –
Anregungen für Querdenker 106

Phase 4: Themen bearbeiten 110
Informieren durch Erleben 111
An Stationen lernen 112
Herausforderungen meistern 115
Elternsicht erarbeiten:
Fünf Methoden 117
TOP Sonstiges/Verschiedenes 125
Raum für Fragen aus der Elternschaft 126
Methodenkompetenz:
Gesprächsleitung sein 126
Methodenkompetenz: Arbeitsmethoden
für die Gruppenarbeit 128
Methodenkompetenz:
Moderationsmethode 132

Phase 5: Ergebnisse sichern 134
Der Handlungsplan 134

Phase 6: Den Abschluss gestalten . . 136

Auf einen Blick: Methodische
Bausteine für den Elternabend 139

Kapitel 5: Beispiele aus der Praxis 141

Ideenkiste – kurz und knackig
für jeden Elternabend 142

Schwerpunktthema: „Schulstart mit
Wahl der Elternvertreter" 145

Schwerpunktthema:
„Leseförderung" 149

Schwerpunktthema:
„Schulalltag" 151

Schwerpunktthema:
„Hausaufgaben" 153

Schwerpunktthema:
„Benotung" 154

Schwerpunktthema:
„Richtig lernen" 157

Schwerpunktthema:
„Medienkompetenz" 159

Kapitel 6: Rechtliche Grundlagen 163

Medientipps 174
Fußnoten 176

Einleitung und Grundlagen 1

1 Einleitung und Grundlagen

Der Elternabend – ein Klassiker der Elternarbeit

Herzlichen Glückwunsch! Vor Ihnen liegt eine der spannendsten Veranstaltungen im Schuljahr – der Elternabend. Vielleicht haben Sie an diesem Abend zum ersten Mal die Gelegenheit, die Eltern „Ihrer" Kinder persönlich kennenzulernen. Vielleicht ist es für die Eltern sogar der erste Elternabend in der Grundschule. Viele von ihnen werden dann ebenso gespannt auf Sie als Lehrkraft sein, wie das umgekehrt der Fall ist. Schließlich stellt der Schuleintritt für die allermeisten Familien heute ein sehr wichtiges Ereignis dar, das oft schon seit Monaten in der Familie Thema war. Oder vielleicht haben Sie eine zweite, dritte oder vierte Klasse übernommen und fragen sich nun, welche Gesichter wohl zu den bereits bekannten Namen gehören.

Die Kinder kennen Sie gut. Seit einigen Wochen, vielleicht auch länger, haben Sie in Ihrer Grundschulklasse den Unterricht gestaltet. Inzwischen konnten Sie sich ein Bild von den Mädchen und Jungen machen und haben eine ganz gute Vorstellung von den Anlagen und Interessen der meisten. Nun werden die **Eltern in die Schule** kommen, die einen so **großen Einfluss auf den Lernerfolg** der einzelnen Kinder haben. Welche bessere Gelegenheit könnte es geben, eine gute **Basis für die partnerschaftliche Zusammenarbeit** mit den Eltern zu legen oder diese weiter zu vertiefen? Eltern und Lehrkräfte lernen sich beim Elternabend persönlich kennen. Hier wird die **Grundlage für das Verhältnis zwischen Elternhaus und Schule** gelegt, hier besteht tatsächlich die Möglichkeit, miteinander ins Gespräch zu kommen.

Das ist für beide Seiten wichtig:

→ Als Klassenlehrer[1] haben Sie beim Elternabend die einmalige Gelegenheit, den Eltern unmittelbar alles mitzuteilen, was Sie in diesem Rahmen für relevant halten. Oft gelingt ja die Kommunikation im Gespräch weit besser als per Elternbrief, E-Mail oder Notiz im Mitteilungsheft. Heute können Sie Ihre **Anliegen und Informationen direkt mitteilen** und erhalten auch eine unmittelbare Rückmeldung dazu.

---

[1] Aus Gründen der besseren Lesbarkeit haben wir in diesem Buch durchgehend die männliche Form verwendet. Natürlich sind damit auch immer Frauen und Mädchen gemeint, also Lehrerinnen, Schülerinnen etc.

Einleitung und Grundlagen

→ Die Eltern erleben sich beim Elternabend im besten Fall als willkommen und gern gesehen. Sie erfahren, dass sie als **Gesprächspartner auf Augenhöhe** ernst genommen werden und dass ihre Fragen, Wünsche und Anregungen mit Offenheit und Respekt behandelt werden.

Begegnen sich Lehrer und Eltern in dieser Form, sei es beim ersten oder zehnten Elternabend der Grundschulzeit, dann ist ein wichtiger Schritt hin zu einer **erfolgreichen Bildungs- und Erziehungspartnerschaft** getan, die diesen Namen auch verdient. Je besser das Verhältnis zwischen Eltern und Pädagogen ist, desto größer ist die Wahrscheinlichkeit, dass beide zum Wohle der Kinder an einem Strang ziehen und dass die Zusammenarbeit auch in Zukunft gelingt – auch wenn später vielleicht einmal Konflikte auftauchen sollten.

Selbstverständlich ist der Elternabend keineswegs die einzige Gelegenheit, bei der Sie die Eltern persönlich treffen. Sicher gibt es auch an Ihrer Schule viele andere Gelegenheiten, miteinander ins Gespräch zu kommen. Da sind die regelmäßigen Elternsprechtage, Schulfeste, Theateraufführungen, Diskussionsrunden, Gesprächskreise, Hospitationen – von Schule zu Schule variieren die Möglichkeiten und Termine. Auch ist der Rahmen eines Elternabends durchaus nicht für alle Arten von Gesprächen vorgesehen. Gesprochen wird hier in der großen Runde über alles, was die gesamte Elternschaft einer Klasse angeht. **Pädagogische Themen, Lerninhalte, Organisatorisches und Atmosphärisches können auf der Tagesordnung stehen.** Ausgeklammert bleiben beim Elternabend in der Regel alle Fragen, die einzelne Kinder betreffen und die direkt zwischen Lehrer, Eltern und ggf. weiteren Betroffenen erörtert werden. Die meisten Schulgesetze der Länder halten das ausdrücklich fest. So heißt es im Berliner Schulgesetz:

„Angelegenheiten einzelner Schülerinnen und Schüler dürfen nur mit Einverständnis ihrer Erziehungsberechtigten […] behandelt werden."

1 Einleitung und Grundlagen

Der erste Grundschul-Elternabend – ein Kulturschock für die Eltern?

Nicht nur für die Kinder beginnt mit dem Eintritt in die Grundschule ein neuer Abschnitt. Auch die Eltern erleben jetzt eine neue Art von Zusammenarbeit zwischen Elternhaus und Pädagogen. Viele von ihnen kennen den Elternabend aus dem Kindergarten als eher familiäre Veranstaltung. Neben inhaltlichen Informationen legen viele Erzieher großen Wert auf eine freundliche Atmosphäre und auf die persönliche Ansprache. Den ersten Elternabend in der Grundschule beschreiben die Eltern dagegen oft als „Kulturschock" – im grell beleuchteten Klassenraum, auf kleinen Schülerstühlen, vollgestopft mit Fachinformationen. Das muss aber nicht sein. Gestalten Sie Ihren Elternabend ansprechend, ohne kindlich zu sein. Tipps und Ideen, wie das konkret aussehen kann, finden Sie ab S. 20.

Gerade seine im Vergleich zum Elterngespräch eher „unpersönliche" und allgemeine Ausrichtung ist aber einer der großen Vorteile des Elternabends und ein Grund dafür, warum er sich als Instrument der Elternarbeit seit Langem bewährt hat. Für die allermeisten Grundschuleltern stellt der Elternabend ein eher niedrigschwelliges Angebot der Kommunikation dar. Nicht der einzelne Elternteil (oder das Elternpaar) trifft hier auf einen oder mehrere Lehrer, sondern die Eltern als Gruppe können den Elternabend als **Forum für Information und Austausch** wahrnehmen.

Der Elternabend ist dafür besonders gut geeignet, denn er …
→ findet regelmäßig statt (mindestens einmal pro Schulhalbjahr),
→ richtet sich an alle Eltern einer Klasse,
→ bietet Klassen- und Fachlehrern die Gelegenheit zur Information der Eltern,
→ eignet sich, um alle Themen rund um die Schule zu behandeln, die für die Elternschaft und die Lehrer aktuell und von Interesse sind – z.B. Lehrpläne der Fächer, Hausaufgaben, Zensuren, Klassenarbeiten, Förderangebote etc.,

Einleitung und Grundlagen

- ist die beste Gelegenheit, Organisatorisches zu klären (Klassenkasse, Ausflüge, Eltern-Unterstützung, Klassenfahrt etc.) und Möglichkeiten der Mithilfe durch die Eltern zu klären,
- kann über pädagogische Fragestellungen informieren: Vom Konsumverhalten über Gewalt bis zu Lerntechniken ist alles denkbar.

Übrigens:

> Das Wort „Elternabend" ist eine umgangssprachliche Bezeichnung, die in den Schulgesetzen der Bundesländer fast gar nicht auftaucht. Die Schulgesetze sprechen von **Klassenelternschaften, Klassenpflegschaften** o. Ä., wenn die Eltern einer Klasse gemeint sind. Folgerichtig heißt der Elternabend je nach Bundesland **Klassenpflegschaftssitzung, Elternversammlung, Klassenelternversammlung, Sitzung der Klassenelternschaft** usw. Der Einfachheit halber und aus Gründen der besseren Lesbarkeit spreche ich im Folgenden dennoch einheitlich vom „Elternabend".

Ebenfalls gesetzlich geregelt ist, wer einen Elternabend einberufen darf. In den meisten Bundesländern steht dieses Recht nämlich nur den Elternvertretern zu, die im Prinzip auch für Inhalt und Ablauf des Elternabends zuständig sind. Einige Bundesländer sehen nicht einmal eine zwangsläufige Anwesenheit der Klassenlehrer beim Elternabend vor, sondern überlassen es den gewählten Elternvertretern, ob sie die Lehrer zum Elternabend einladen möchten oder nicht. Lediglich bei neu zusammengetretenen Elternschaften (z.B. in der 1. Klasse) laden dann die Lehrer zum Elternabend ein. In der Praxis sind die Elternvertreter aber oft dankbar, wenn sie sich mit Ihnen über Termin, Inhalt und Durchführung des Elternabends abstimmen können.[2]

Wichtig! Die Initiative für den Elternabend geht in fast allen Bundesländern von den Elternvertretern aus – nicht von der Lehrkraft oder der Schulleitung!

Es liegt in Ihrer Hand!

Ob der Elternabend zum Erfolg wird, hängt trotz der gesetzlichen Vorgaben vor allem von einer Person ab: vom Klassenlehrer. Er wird in den allermeisten Fällen mit von der Partie sein, wenn die Eltern sich treffen. Mehr noch: Als Klassenlehrer nehmen Sie eine „Gastgeberrolle" ein. Das liegt nicht nur an dem Veranstaltungsort (meist die Schule, auch wenn das grundsätzlich nicht vorgeschrieben ist). Als Lehrer verfügen Sie gegenüber den Eltern auch über einen Wissensvorsprung, der Ihnen geradezu die Rolle des Moderators und Referenten zuweist.

→ Sie verfügen über Informationen über Lerninhalte, Abläufe, den Zustand der Klasse und vieles mehr, an denen die Eltern interessiert sind,
→ Sie kennen die Einrichtung Elternabend meist schon aus ihrer beruflichen Praxis,
→ Sie sind vertraut mit gesetzlichen und organisatorischen Rahmenbedingungen und stellen den Eltern entsprechende Informationen zur Verfügung,
→ Sie werden durch die Eltern als kompetente Ansprechpartner wahrgenommen,
→ Sie bringen viele eigene Inhalte in den Elternabend ein, von organisatorischen Fragen über Absprachen für Veranstaltungen etc.

Miteinander statt gegeneinander!

Warum ist ein gutes Verhältnis zwischen Eltern und Schule so wichtig? Eines ist klar: Je besser das Verhältnis zwischen Schule und Elternhaus, desto positiver wird sich das auf den Lernerfolg der Kinder auswirken. Sind Eltern nah am Lernprozess der Kinder dran, hilft das dem Nachwuchs beim Lernen. Für diesen Zusammenhang gibt es inzwischen eine ganze Reihe von Belegen. Unbestritten ist, dass ein stabiles und funktionierendes Elternhaus, das jedes einzelne Kind in seiner Persönlichkeit stärkt, eine wichtige Voraussetzung für den schulischen Erfolg darstellt. Ebenso wichtig, auch darin sind sich Experten einig, ist die dauerhafte gute Kooperation zwischen Eltern und Schule, wenn die Lernbereitschaft eines Kindes über die gesamte Schulaufbahn hinweg bestehen soll. Und schließlich sind eine funktionierende Kommunikationsebene und feste Kommunikationsstrukturen notwendig, die es Lehrern und Eltern, eventuell auch der Schulleitung, ermöglichen, im Gespräch zu

Einleitung und Grundlagen

bleiben und die gegenseitige Zusammenarbeit und Unterstützung zu organisieren. Im Schulgesetz von Nordrhein-Westfalen ist dieser Anspruch so formuliert:

> „Die Schule unterrichtet und erzieht junge Menschen. Schule und Eltern wirken bei der Verwirklichung der Bildungs- und Erziehungsziele partnerschaftlich zusammen."[3]

Allerdings ist die so genannte „partnerschaftliche Elternarbeit" trotz aller erwiesenen Vorteile in der Praxis eher selten anzutreffen. Weit verbreitet sind stattdessen gegenseitiges Misstrauen und Vorwürfe an die jeweils andere Seite. Lehrer erleben Eltern als fordernd und als verbohrte Anwälte ihrer Kinder, Eltern fühlen sich als Nachhilfe-Lehrer missbraucht, die zu Hause nachholen sollen, was ihrer Meinung nach in der Schule versäumt wird. Elternmitarbeit schließlich sei, so die verbreitete Klage, in vielen Fällen immer noch Mütterarbeit und beschränke sich in der Grundschule allzu oft aufs Kuchenbacken für das Sommerfest oder den Elternsprechtag. Väter sind, ähnlich wie im Kindergarten, in der Grundschule eher seltene Gäste. Auch Migranten fühlen sich oft nicht angesprochen.

Chancen der Elternarbeit

Dabei bietet eine partnerschaftliche Elternarbeit große Chancen für alle Beteiligten – Eltern, Kinder und Lehrer. Besonders die Kinder profitieren davon, wenn Eltern und Pädagogen an einem Strang ziehen. Elternarbeit sollte deshalb in vielfältiger Weise und auf allen Ebenen stattfinden. Neben der institutionell verankerten Elternmitbestimmung, z.B. über Elternvertreter, Elternrat, Klassen- und Schulkonferenzen, gehört dazu auch die informelle, individuelle Zusammenarbeit zwischen Schule und Elternhaus, z.B. in Form von Gesprächen und Kontaktpflege durch E-Mails oder auf anderem Wege. Je mehr die Eltern (und nicht allein die Elternvertreter!) an Entscheidungen und Prozessen in Klasse und Schule beteiligt sind, desto eher nehmen sie ihre Schule als „unsere Schule" wahr und sind bereit, sich über die Interessen ihres eigenen Kindes hinaus zu engagieren und das Schulleben zu bereichern.

1 Einleitung und Grundlagen

Achtung: Nicht nur auf die Elternvertreter konzentrieren!

Die Elternvertreter sind als gewählte Repräsentanten der Elternschaft einer Klasse Ihre primären Ansprechpartner. Denken Sie aber auch daran, dass eine Klassenelternschaft aus vielen Individuen besteht, die nur zufällig eine Gemeinschaft bilden. Oft kennen sich die Eltern untereinander nicht und haben keinerlei Kontakt. Wichtig ist, dass alle Eltern informiert sind und dass alle immer wieder eingeladen werden, sich zu beteiligen – auch nach der ersten Wahl der Elternvertreter. Gerade Familien mit Migrationshintergrund oder solche in schwierigen Situationen, wie Trennung oder Arbeitslosigkeit, tendieren dazu, für den Lehrer „unsichtbar" zu sein. Sie nicht aus den Augen zu verlieren, ist wichtig. Eltern, die einfach nicht zum Elternabend oder -gespräch erscheinen, können Sie anrufen, per Mail erreichen oder im Rahmen von Schul- oder anderen Veranstaltungen ansprechen.

Gerade an der Grundschule sind Eltern noch besonders engagiert und oftmals gern bereit zur Mitarbeit. Schon in der Sekundarstufe I hat sich diese Bereitschaft in der Regel deutlich abgeschwächt. Damit das Engagement erhalten bleibt und eine Kommunikation auf Augenhöhe ermöglicht und erhalten wird, sollte Elternarbeit regelmäßig und geplant erfolgen. Regelmäßige Elternabende sind ein wichtiger Baustein dieses Konzepts, aber längst nicht der einzige. Die amerikanische National Parent Teacher Association (PTA) nennt folgende Möglichkeiten, wie Eltern und Schule zusammenarbeiten können[4]:

→ **Regelmäßiger Informationsaustausch**
Gemeint ist Informationsaustausch sowohl zwischen Eltern und Lehrpersonal als auch zwischen den Eltern untereinander. Auch Schüler, selbst in der Grundschule, können einbezogen werden. Allzu oft verläuft der Informationsfluss noch ziemlich einseitig in Richtung Elternhaus. Hilfreich für ein gutes Verhältnis sind aber auch Informationen über Familie und Lernumfeld, die z.B. beim Elternabend, im persönlichen Gespräch oder durch ein Lernjournal abgefragt werden können.

Einleitung und Grundlagen

- **Elternbildung und Elterntraining**
  Schule kann Eltern in Bedarfsfall helfen, ihre Erziehungsaufgaben besser wahrzunehmen. Sowohl durch individuelle Beratung, als auch durch Fortbildungsangebote, an denen Schüler und Eltern teilnehmen können. Natürlich erwartet niemand, dass Sie als Psychologe, Logopäde oder persönlicher Coach tätig werden. Wichtig ist jedoch, dass Sie Eltern und Kinder dabei unterstützen können, geeignete Beratungsangebote und Therapien zu finden.

- **Hilfeleistung von Eltern für die Schule**
  Gerade im Grundschulbereich rennen Sie hier oftmals offene Türen ein, da viele Eltern jetzt (noch) bereit sind, sich zu engagieren. Hilfe bei Schulfesten, Verschönerung des Klassenraums, Begleitung bei Ausflügen und Klassenfahrten, Fahrdienst, Lesedienste etc. sind nur einige Beispiele. Auch als Projektbegleiter, Unterstützer oder im AG-Bereich können Eltern mithelfen. Wichtig dabei: Eltern nicht nur pauschal als Hilfskräfte fürs Kuchenbacken zu sehen, sondern sie nach Möglichkeit entsprechend ihren Fähigkeiten und Interessen einzusetzen. Denken Sie daran: Eltern sind erwachsene Menschen. Wenn sie der Schule ihre kostbare Zeit schenken, dürfen sie Ihren Respekt und Ihre Wertschätzung erwarten. Diese äußert sich auch darin, die Eltern sowohl als Experten für ihre Kinder wahrzunehmen als auch sie als Individuen zu erkennen und zu schätzen.

- **Unterstützung des kindlichen Lernens zu Hause und in der Schule**
  Es mag bedauert werden, entspricht aber der Realität – bereits in der Grundschule profitieren Kinder von der Unterstützung durch ihre Eltern, wenn es ans häusliche Lernen geht. Ein klar strukturierter Tagesablauf, günstige Rahmenbedingungen, Unterstützung und Motivation sind wichtige Faktoren, die oft über Erfolg oder Misserfolg einer ganzen Schullaufbahn mitentscheiden. Wie sie ihre Kinder richtig unterstützen, das können Eltern am besten dort lernen, wo die Kleinen es auch tun – z.B. durch thematische Elternabende oder Vorträge in der Schule.

- **Elternmitbestimmung bei Entscheidungen der Schule**
  Gemeint sind neben den klassischen Möglichkeiten der Mitbestimmung auch die vielfältigen Entscheidungen, die ständig getroffen werden: von der Änderung der Sitzordnung, der Entscheidung für bestimmte Lehrmaterialien oder Arbeitstechniken bis zur Auswahl eines Ziels für die Klassenfahrt. Warum nicht die Eltern hier nach ihrer Meinung fragen? Der Elternabend bietet eine hervorragende Gelegenheit, alle Eltern Ihrer

Klasse in Entscheidungen einzubeziehen. Taschenrechner der Firma A oder B, Klassenfahrt in die Berge oder an die See, neue Bestuhlung oder doch ein interaktives Whiteboard? Nutzen Sie den Elternabend als Forum für Information, Diskussion und Entscheidung. Das mag oft länger dauern, beschert Ihnen aber langfristig eine gute partnerschaftliche Beziehung.

→ **Zusammenarbeit mit Kommune und Region**
Schule und Elternschaft engagieren sich gemeinsam für Unterstützung durch Stadt oder Gemeinde oder durch weitere externe Partner. In welcher Form und in welchem Umfang das in Ihrem konkreten Fall geschehen kann oder soll, auch darüber lässt sich beim Elternabend sprechen.

Alle Jahre wieder?
Plädoyer für einen „anderen" Elternabend

„Als ich jünger war, habe ich beim Elternabend auch mehr für die Eltern gemacht."

„Ach wissen Sie, wir haben immer so viel an Informationen rüberzubringen, da bleibt keine Zeit für anderes."

Kennen Sie solche oder ähnliche Äußerungen von Kollegen oder von sich selbst? Wer mit Lehrern spricht, findet schnell heraus, dass Elternabende nicht eben zu den bevorzugten Terminen der meisten gehören. Das ist bedauerlich, denn der Elternabend bietet große Chancen, eine gute Zusammenarbeit zu begründen, die letztlich **den Schülern, aber auch Eltern und Lehrern** zu Gute kommt.

Eines ist klar – der Elternabend ist nur ein Teil der Elternarbeit. Für das „Klima des Willkommenseins", das Bildungsexperten sich für die Schule wünschen, sind außerdem noch viele weitere Faktoren wichtig. Dennoch wird beim Elternabend durchaus sichtbar, wie die Schule und Elternschaft zueinander stehen – vertreten durch Sie als Klassenlehrer und durch die anwesenden Mütter und Väter. Geht man partnerschaftlich miteinander um? Kann Beteiligung stattfinden, auch über das gern zitierte Kuchenbacken hinaus? Herrscht eine freundliche, angstfreie Atmosphäre?

Ein zugewandtes Verhältnis auf Augenhöhe manifestiert sich gerade bei den Gelegenheiten, bei denen wir uns persönlich begegnen. Hier liegen daher auch große Chancen, eine gute und für alle Seiten produktive Elternarbeit zu initiieren. Und das umso mehr, als gerade im Grundschulbereich Eltern in der Regel offen für eine gute Zusammenarbeit sind.

Lassen Sie sich also diese Gelegenheit nicht entgehen, „Ihre" Eltern von Anfang der Schullaufbahn an auf eine vertrauensvolle Zusammenarbeit einzuschwören. Bewahren Sie sich ein Stück vom Enthusiasmus der ersten Berufsjahre und sehen den Elternabend mehr als Chance, denn als Belastung. Nutzen Sie gleich den nächsten Elternabend dazu – Eltern, Schüler und nicht zuletzt Sie ganz persönlich werden davon profitieren.

Mit Kleinigkeiten für gute Stimmung sorgen.

Vier Bausteine gelungener Elternabende

Was aber sind die konkreten Voraussetzungen für einen „anderen" Elternabend? Vier Bausteine tragen vor allen anderen dazu bei, dass Ihr nächster Elternabend anders wird als jeder zuvor und dass die Eltern eine Veranstaltung erleben, die sie motiviert, die ihnen Spaß macht und ihren Horizont ein Stück erweitert:

1. **Wertschätzung für alle Teilnehmenden**
2. **Konsequente Aktivierung**
3. **Positive Atmosphäre**
4. **Gekonnte Präsentation und Visualisierung**

Einleitung und Grundlagen

Werden diese Grundlagen berücksichtigt, schaffen Sie unabhängig vom Thema beste Voraussetzungen für einen Elternabend, bei dem …

→ Eltern und Lehrer einander vertrauensvoll begegnen,
→ Eltern etwas (mehr) über Schule und deren Aktivitäten erfahren,
→ Themen, die allen wichtig sind, offen und sachlich behandelt werden,
→ Eltern sich aktiv einbringen dürfen,
→ Lehrer Unterstützung und Anerkennung erfahren,
→ sich Menschen, die ein gemeinsames Anliegen haben, kennen und schätzen lernen.

Baustein 1: Wertschätzung für alle Teilnehmenden

Auch wenn die Elternvertreter zum Elternabend einladen – als Klassenlehrer sind Sie ein Stück weit „Gastgeber". Ihre wertschätzende Haltung signalisiert jedem Vater und jeder Mutter ein „Hier bist du richtig!". Indem Sie durch Ihre offene und zugewandte Art signalisieren, die Eltern als Partner ernst zu nehmen, bereiten Sie die Grundlage für einen gelungenen Elternabend.

Diese Wertschätzung können Sie nicht vorspiegeln. Sie drückt sich in zahllosen Details aus, angefangen von der sorgfältig gestalteten Einladung, über die Gedanken, die Sie sich über die Präsentation der Inhalte machen, bis hin zum Interesse an den Anliegen der Eltern. Oft sind es die Kleinigkeiten, mit denen Sie Ihre Wertschätzung zeigen – nicht zuletzt gehört dazu ein ansprechend hergerichteter Raum, ein „Herzlich willkommen!" und ein Händeschütteln an der Tür.

> Wenn Sie die Eltern als Experten für ihr Kind ernst nehmen, ihnen auf Augenhöhe begegnen, ist das die erste und wichtigste Voraussetzung für eine Beziehung, die von gegenseitiger Wertschätzung geprägt ist.

Baustein 2: Konsequente Aktivierung

Kennen Sie das? Einer redet, und alle anderen sitzen apathisch da? So sollte Ihr Elternabend auf keinen Fall ablaufen. Das eigentliche Geheimnis eines gelungenen Elternabends besteht darin, dieses Verhaltensmuster zu durchbrechen, das Eltern zu Konsumenten und Sie zum Alleinunterhalter macht. Etwa 20 Minuten beträgt die Zeitspanne, die Menschen konzentriert einem Vortrag folgen können, ohne innerlich abzuschalten. Der „andere" Elternabend berücksichtigt diese Erkenntnis und setzt darauf, aus passiven Zuhörern aktive Beteiligte zu machen. Als Gastgeber nutzen Sie jede Möglichkeit, die Eltern zu aktivieren und ins Geschehen einzubeziehen – z.B. beim Ankommen und Kennenlernen, bei Nachfragen, Meinungsbildern und Diskussionen oder beim praktischen Erfahren theoreischer Inhalte.

> Aktivierung heißt nicht, dass den ganzen Abend lang gespielt wird. Bauen Sie stattdessen über den Abend verteilt mehrere aktivierende Impulse ein.

Baustein 3: Positive Atmosphäre

Wenn die Stimmung gut ist, macht Ihnen die Arbeit mehr Spaß? Kein Wunder – das geht allen Menschen so, natürlich auch den Eltern an Ihrem nächsten Elternabend. Sorgen Sie deshalb dafür, dass sich die Eltern von Anfang an wohlfühlen, wenn sie zum Elternabend kommen. Legen Sie schon bei der Planung besonderes Augenmerk auf all die Punkte, die das Wohlbefinden beeinflussen. Dazu gehören u.a. die Raumwahl und -gestaltung, das Zurverfügungstellen von bequemen Sitzgelegenheiten, Dekoration, Bewirtung, Orientierung vor Ort und im Thema, aber auch Begrüßung, Themenpräsentation und Interesse für das Gegenüber.

Es muss nicht immer Kaviar sein – aber etwas zu essen und zu trinken gehört dazu.

Baustein 4: Gekonnte Präsentation und Visualisierung

Was Sie sagen, hat Substanz. Als Pädagoge wissen Sie genau, wovon Sie sprechen, wenn es um die Schüler, die Methoden und Inhalte rund um Ihren Unterricht geht. Mit durchdachter, auf Situation und Zielgruppe ausgerichteter Präsentation verstärken Sie den „Haftwert" Ihrer Informationen. Neben dem Inhalt ist die Form das wichtigste Element, das darüber entscheidet, ob eine Information ankommt oder nicht.

> Eine Redewendung aus Vietnam sagt: „Einmal gesehen ist besser als 100-mal gehört". Inhalte werden besonders gut verstanden und behalten, wenn viele Sinne bei der Informationsaufnahme beteiligt sind – z.B. indem Informationen nicht nur im Vortrag auftauchen, sondern parallel auch visualisiert werden.

Beim Elternabend bereiten Sie Ihre Informationen so auf, dass sie von den Eltern verstanden und behalten werden können. Ihre Vorträge visualisieren Sie über Beamer, am Flipchart oder an der Tafel. Die Ergebnisse des Brainstormings halten Sie gut leserlich fest. Eine neue Arbeitsmethode, die Sie einführen möchten, veranschaulichen Sie mit einer Dia-Show oder kurzen Video-Sequenzen. Durch die konsequente Visualisierung helfen Sie den Eltern, abstrakte Inhalte zu verstehen und Gehörtes besser zu behalten. Mit Symbolen und Bildern bringen Sie Wichtiges auf den Punkt und machen es im Wortsinne „merk-würdig".

Das CD-Symbol zeigt an, dass zu dieser Textstelle eine bearbeitbare Word-Vorlage auf der beiliegenden CD-ROM zu finden ist. Unter der entsprechenden Nummer finden Sie das Dokument.

Den Elternabend planen und vorbereiten 2

2 Den Elternabend planen und vorbereiten

Gut geplant ist halb gewonnen

„Eigentlich wollen die Eltern doch nur etwas über ihr eigenes Kind erfahren. Was ich über die Klasse erzähle oder allgemeine Informationen über Lernen und Pädagogik, das interessiert sie gar nicht."

„Ich habe sowieso so viel zu tun. Den Elternabend extra vorzubereiten, dafür fehlt mir wirklich die Zeit."

„Von mir wird alles Mögliche erwartet, aber wenn es an die Elternvertreterwahl geht, herrscht wieder Schweigen im Walde."

Kennen Sie solche Gedanken auch? Vielleicht ist Ihnen etwas Vergleichbares schon einmal durch den Kopf gegangen, oder Sie haben gehört, wie sich im Kollegenkreis jemand in dieser Weise äußerte. Die Vorbehalte sind ja auch durchaus verständlich. Desinteressierte Eltern, geringe Teilnehmerzahlen, passive Zuhörer oder sogar die Sorge, persönlich angegriffen zu werden, machen vielen Kollegen zu schaffen.

Wenn nur wenige Eltern zum Elternabend erscheinen ...

Es muss nicht der Fall sein, dass grundsätzlich kein Interesse am Elternabend besteht. Die Gründe für einen schlecht besuchten Elternabend können ganz unterschiedlich sein. Ein ungünstiger Termin, individuelle Zeitprobleme oder ein von den Eltern als unwichtig erachtetes Thema können die Ursachen sein, warum von 30 Elternpaaren nur sechs Personen den Weg in die Schule gefunden haben. Gerade im Grundschulbereich müssen Sie z.B. damit rechnen, dass in vielen Haushalten noch jüngere Geschwisterkinder leben. Für Eltern ist es oft schwer, am frühen Abend während der Zubettgehzeit Termine wahrzunehmen.

Auch „Konkurrenztermine" können die Teilnehmerzahl am nächsten Elternabend minimieren. Selbst ein perfekt vorbereiteter Elternabend wird vor leeren Stühlen stattfinden, wenn parallel ein wichtiges Spiel der Fußball-Weltmeisterschaft läuft. Ebenso sollten Sie berücksichtigen, ob in Ihrer Gemeinde andere Veranstaltungen, Feste und Feiern anstehen, die viele Eltern besuchen möchten. Denken Sie auch an Familien mit Migrationshintergrund! Wenn viele Kinder einer Kultur Ihre Klasse besuchen, ist es wichtig, über die Feiertage informiert zu sein.

Schließlich ist auch denkbar, dass Eltern bereits schlechte Erfahrungen mit früheren Elternabenden gemacht haben (z.B. im Kindergarten oder mit anderen Lehrkräften). *„Das interessiert mich alles nicht so, was da erzählt wird"*, heißt es dann, oder auch: *„Die Lehrerin spult ihren Vortrag ab, aber meine Meinung dazu interessiert sowieso keinen"*. Sie werden dann erst etwas Mühe aufwenden müssen, um solche Vorurteile „auszubügeln". Das Engagement lohnt sich aber – spätestens dann, wenn Ihnen eine Mutter oder ein Vater die Rückmeldung gibt, wie anregend und angenehm Ihr letzter Elternabend doch war!

Das steht auf der Tagesordnung:
Inhalte des Elternabends festlegen

Für mangelnde Anwesenheit beim Elternabend kann auch das Programm sorgen. Wenn Eltern den Eindruck haben, Inhalte nur „vorgesetzt" zu bekommen, wenn Mit- oder Rücksprache nicht gewünscht sind und der Informationsgehalt als gering angesehen wird, bleiben Mütter und Väter vielleicht lieber zu Hause. Oft unterscheidet sich die Wahrnehmung der Lehrer darüber, was wichtig ist und was nicht, durchaus von der der Eltern. Was Thema eines Elternabends sein sollte, darüber gehen die Meinungen dann oft verblüffend weit auseinander. Was den Eltern tatsächlich wichtig ist, erfahren Sie von den Elternvertretern. Da diese in den meisten Bundesländern für die Einladung und inhaltliche Ausrichtung des Elternabends zuständig sind, empfiehlt es sich, von Anfang an einen regelmäßigen und relativ engen Kontakt zu halten.

Tipp:

Besprechen Sie am besten gleich noch am Wahlabend, wie Sie sich die künftige Zusammenarbeit mit den Elternvertretern vorstellen! Weisen Sie auf Informationsmaterial über die Rechte und Aufgaben der Elternvertreter hin, oder geben Sie gleich entsprechendes Material aus. Jetzt schon sollten Sie auch vereinbaren, auf welchem Weg und in welchen ungefähren Abständen Sie den Kontakt pflegen möchten.

Allerdings sollten Sie sich nicht allein auf die Aussagen der Elternvertreter stützen, wenn Sie Ihren nächsten Elternabend planen. Denken Sie daran: Die Elternschaft ist keine homogene Gruppe, sondern eine „Schicksalsgemeinschaft", die so unterschiedlich ist wie ihre Kinder. Ältere und jüngere Personen, mehr oder weniger gebildet, Menschen aus unterschiedlichen Regionen und Ländern, aus Stadt oder Dorf, berufstätig oder arbeitslos. Sie alle können in einer Elternschaft vertreten sein, sie alle interessieren sich für das Wohl ihres Kindes. Welche Interessen und Bedürfnisse darüber hinaus vorhanden sind, kann grundverschieden sein. Was ein Elternhaus als problematisch wahrnimmt, ist für das andere völlig normal. Während sich einige Eltern mehr Eigenständigkeit wünschen, wollen andere mehr Disziplin sehen. Während Familie A reges Interesse an den Fortschritten ihres Kindes zeigt, scheint Familie B völlig desinteressiert.

Am besten fragen

Um herauszufinden, welche Themen der Elternschaft wichtig sind, eignet sich der Elternfragebogen. Ideal ist es, wenn Sie noch beim Elternabend einen Fragebogen verteilen, in dem die Eltern ihre Wünsche und Interessen angeben können. Eine solche Abfrage kann Ihnen gleichzeitig auch wertvolle Informationen darüber vermitteln, wie den Eltern Ihre (neuen) Methoden beim Elternabend gefallen haben.

Informeller und schneller vorzubereiten ist die Meinungsumfrage mit einem Plakat. Hängen Sie beim nächsten Elternabend gut sichtbar einen großen Bogen Papier aus, auf dem Sie gut leserlich Ihr Anliegen formulieren. Bitten Sie

Den Elternabend planen und vorbereiten

die Eltern, sich vor dem Gehen schriftlich zu der entsprechenden Frage zu äußern. Auf dem Plakat könnte z.B. stehen: „Diese Themen sollten wir beim nächsten Elternabend besprechen" oder „Beim nächsten Elternabend wünsche ich mir mehr Informationen über … ".

Optisch ansprechend wird Ihr Plakat, wenn Sie es z.B. als Wunschbaum oder als Blume gestalten. Die Eltern können dann ihre Wünsche auf farbige Karten schreiben und diese anpinnen. Vorteil: Durch die ausgeteilten „Blätter" fühlen sich die Eltern stärker aufgefordert, eine Meinung beizutragen.

Auf Gestaltung setzen

Mit gestalteten Plakaten (nicht nur für die Themenabfrage) zeigen Sie Ihre Wertschätzung den Eltern gegenüber. Natürlich können Sie auch ganz schlicht eine Frage auf einen Plakatbogen schreiben und ein paar dicke Filzstifte für die Antworten dazulegen. Mit einem ansprechend gestalteten Plakat vermitteln Sie jedoch zusätzlich zu Ihrer grundsätzlichen Offenheit auch Ihre Wertschätzung und drücken ein *„Ich habe mir Mühe gegeben"* und ein *„Das ist mir wichtig"* aus. Außerdem sprechen bildhafte Darstellungen die Eltern emotional an und verstärken ihre Offenheit und Kreativität. Geben Sie zusammen mit der Frage ein skizziertes Motiv vor, und lassen Sie die Eltern ihre Antworten oder Ideen auf farbige Moderationskarten schreiben.

Auch Fragen nach Wochentag, Uhrzeit oder Ort des Elternabends können auf diese Weise abgefragt werden.

Diese Motive eignen sich für Meinungsabfragen und für die Visualisierung von Prozessen:

→ (Wunsch-)Baum oder Blume
  („Das wünsche ich mir", „Das soll in Zukunft wachsen")

→ Boote auf einem Fluss, Karawane
  („Wir sind unterwegs", „Dahin wollen wir, das nehmen wir auf unsere Reise mit")

2 Den Elternabend planen und vorbereiten

So finden Sie heraus, welche Themen den Eltern wichtig sind

→ Fragebogen mit offener oder geschlossener Abfrage
→ Plakat oder andere Abfrage beim letzten Elternabend
→ per E-Mail
→ im persönlichen Gespräch
→ Elternbriefkasten („Elternwünsche")
→ Abfrage auf dem Rückmeldeabschnitt

Auch wenn Sie nicht jeden Elternabend auf diese Weise planen können oder möchten – durch die Umfrage signalisieren Sie Ihre grundsätzliche Offenheit für die Belange der Eltern.

Bevor Sie Ihre Themenabfrage starten, sollten Sie sich in jedem Fall überlegen, welche Ergebnisse Sie sich vorstellen. Dementsprechend formulieren Sie die Frage dann als offene oder geschlossene Frage. Bei offenen Fragen („Welche Themen sollten wir beim nächsten Elternabend behandeln?") erhalten Sie unter Umständen sehr viele unterschiedliche Antworten. Wenn etliche davon schon aus Zeitgründen später nicht aufgegriffen werden können, reagieren die Eltern unter Umständen frustriert. Vorteil der offenen Frage: Sie erfahren von Interessen und Wünschen, auf die Sie selbst gar nicht gekommen wären.

Bei geschlossenen Fragen geben Sie mögliche Antworten vor und lassen die Eltern daraus auswählen. („Zu welchem der folgenden Themen wünschen Sie sich einen Elternabend: a, b oder c?") Wenn Sie einer solchen Frageform noch ein offenes Feld („Eigene Vorschläge") hinzufügen, geben Sie den Eltern aber auch hier die Option zur freien Meinungsäußerung.

Übrigens:

Es macht Sinn, die Themenabfrage nicht gleich zu Beginn der 1. Klasse durchzuführen. Für Ihre ersten Elternabende werden Sie vermutlich auf bewährte Themen zurückgreifen. Die Eltern brauchen auch erst einmal Zeit, um sich zu orientieren. Ab Mitte der 2. Klasse sollten Sie aber einmal systematisch die Interessen der Elternschaft abfragen – natürlich in Absprache mit den gewählten Elternvertretern.

> Den Elternabend planen und vorbereiten
>
> **2**

Ergebnisse veröffentlichen

Bitte denken Sie auch daran, die Ergebnisse Ihrer Umfrage öffentlich zu machen. Das geht z.B. durch eine kurze Mail an alle Eltern. So könnte sie lauten:

Liebe Eltern!

Beim letzten Elternabend habe ich nach Ihren inhaltlichen Wünschen für unser nächstes Treffen gefragt. Mit großer Mehrheit haben Sie sich für das Thema „Leseförderung, aber richtig!" entschieden. Ich werde Ihnen bei unserem nächsten Elternabend dazu Informationen zusammenstellen. Die Themenvorschläge „Hausaufgaben" und „Grenzen setzen" wurden ebenfalls mehrfach gewünscht und sollen, falls das Interesse anhält, im nächsten Schulhalbjahr angeboten werden. Aus Zeitgründen kann ich in diesem Halbjahr jedoch nur noch einen weiteren Elternabend durchführen. Alle, die jetzt schon nähere Informationen zu einem der Themen suchen oder Beratung wünschen, können mich aber gern schon jetzt ansprechen.

Vielen Dank für Ihre Mitarbeit!

Die Klassiker – beliebte Themen für den Grundschul-Elternabend

> *„Nächste Woche steht mein erster Elternabend in der neuen Klasse an – welche Themen muss ich dabei genau aufnehmen?"*

In der Grundschule gibt es beides: Rein organisatorisch ausgerichtete Elternabende und reine Themen-Elternabende. In der Regel werden beide Formen gemischt. Neben einem eher organisatorischen Teil beschäftigen Sie sich gemeinsam ausführlicher mit einem oder mehreren inhaltlichen Schwerpunkten. Das kann die Wahl der Elternvertreter sein oder eine inhaltliche bzw. pädagogische Fragestellung. Wenn Sie merken, dass für die inhaltliche Arbeit nie

2 Den Elternabend planen und vorbereiten

genug Zeit bleibt, weil immer so viele organisatorische Fragen anstehen, sollten Sie gemeinsam mit den Elternvertretern überlegen, einen zusätzlichen Elternabend anzubieten.

Einige Punkte tauchen fast immer auf der Tagesordnung auf. Das liegt einfach daran, dass es sich um Themen handelt, die für Sie ebenso wie für die Eltern besonders wichtig sind, weil sie den „aktuellen Stand" in der Klasse widergeben. Eine klassische Tagesordnung für den Grundschul-Elternabend könnte daher so aussehen:

Top 1: Klima in der Klasse
Top 2: Leistungsstand der Klasse
Top 3: Lernstoff in den Hauptfächern
Top 4: Organisatorische Fragen (z.B. Hausaufgabenheft, Klassenfest, Ankündigung des Elternsprechtags …)
Top 5: Fragen und Sonstiges

Vorsicht, Routinefalle!

Verlassen Sie sich bei der Planung nicht allzu sehr auf Bekanntes! Jeder einzelne Programmpunkt Ihrer Tagesordnung sollte ein Ziel verfolgen und wirklich notwendig sein. Wenn Sie den Elternabend nach „Schema F" abspulen, sei es aus Zeitmangel, Unerfahrenheit oder anderen Gründen, kommt das bei den Eltern auch so an. Lebendige Elternabende profitieren davon, dass sich viele einbringen und dass Themen behandelt werden, die als wichtig wahrgenommen werden.
Wie Sie Ihre Ziele formulieren und den Erfolg überprüfen, erfahren Sie im nächsten Kapitel.

Folgende Themen sind Klassiker für Themenelternabende oder thematische Blocks innerhalb Ihres Elternabends, die bei den meisten Eltern von Grundschulkindern auf Interesse stoßen:

→ Alles neu – Informationen rund um den Schulstart
→ Gut eingelebt? Das gehört zu unserem Schulalltag
→ Leseförderung, aber richtig!
→ Habt ihr auch etwas auf? So unterstützen Sie Ihr Kind bei den Hausaufgaben

> Den Elternabend planen und vorbereiten

- → Der Ernst des Lebens? Alles über Noten und ihre Relevanz
- → Das Lernen lernen – Methoden und Material für Schule und zu Hause
- → Vom richtigen Umgang mit Computer & Co.
- → Gesunde Ernährung
- → Grenzen setzen – in der Schule und zu Hause
- → Was kommt jetzt? Informationen über die weiterführenden Schulen

Auf einen Blick:
Acht wichtige Regeln für die Planung Ihres Grundschul-Elternabends

1. Achten Sie darauf, dass keine wichtigen lokalen Veranstaltungen, (Sport-) Ereignisse, Feste oder Feiertage mit dem Elternabend-Termin kollidieren! Erkundigen Sie sich, ob andere Elternabende oder Schulveranstaltungen geplant sind – oft finden vor allem die ersten Elternabende im Schulhalbjahr zu ähnlichen Terminen statt! Faustregel: Der erste Elternabend im Schuljahr sollte ca. 3–6 Wochen nach Schulbeginn stattfinden.
2. Vergewissern Sie sich, dass alle Mitglieder des Elternrats teilnehmen können.
3. Wählen Sie den Beginn so, dass auch Eltern jüngerer Kinder teilnehmen können. Ein Beginn um 20:00 Uhr ist für diese Personengruppe ideal, Termine ab 18:00 oder 19:00 sind dagegen nur schwer wahrzunehmen.
4. Informieren Sie in der Einladung über die voraussichtliche Dauer des Elternabends – das erleichtert insbesondere Eltern mit jüngeren Kindern die Planung (Stichwort Babysitter)! Gängig ist eine Dauer von ca. zwei Stunden.
5. Geben Sie die Einladung rechtzeitig aus – etwa zehn Tage bis eine Woche vorher!
6. Ein Rückmeldeabschnitt erleichtert Ihnen die Planung und schafft für die Eltern zusätzliche Verbindlichkeit – wer sich schriftlich angemeldet hat, wird meist auch kommen!
7. Zeigen Sie Wertschätzung durch eine ansprechend gestaltete Einladung!
8. Wecken Sie mit den Themen Interesse, und achten Sie auf „griffige" Formulierungen! Woran „Ihre" Eltern interessiert sind, können Sie z.B. mit einem Fragebogen abfragen.

Ziele formulieren

Sicher veranstalten Sie Ihren Elternabend nicht „nur so", weil es vom Gesetzgeber so vorgegeben ist. Damit Lehrer und Eltern nach dem Elternabend zufrieden nach Hause gehen (und gerne wiederkommen), sollte jeder Elternabend ein klar formuliertes Ziel haben. Steht das Ziel fest, ergibt sich daraus auch häufig schon oft die Methode der Vermittlung. Selbstverständlich sind auch mehrere Ziele denkbar. Bedenken Sie aber immer, dass die zeitlichen und mentalen Kapazitäten eines Elternabends begrenzt sind. Überlasten Sie die Veranstaltung nicht.

Wichtig ist aber, dass Sie Ihre Ziele für sich selbst definieren und sie in Worte fassen. Das ist tatsächlich so gemeint: Was wir in eigene Worte fassen, wird uns selbst klar. Im Umkehrschluss gilt: Wenn ich nicht ausdrücken kann, welche Ziele ich verfolge, kann das ein Anzeichen dafür sein, dass mein Anliegen (noch) nicht ausreichend durchdacht ist.

Tipp:

Beziehen Sie Elternvertreter und interessierte Eltern aktiv in die Planungsphase ein! Treffen Sie sich und legen gemeinsam Inhalte und Ziele fest. Nach Möglichkeit sollten nicht immer dieselben Eltern bei diesen Planungstreffen anwesend sein. Versuchen Sie, weitere Eltern zu beteiligen! Das erleichtert Ihnen die Vorbereitung, weil mehrere Köpfe meist klüger sind als ein einzelner, und bezieht die Eltern in die Verantwortung ein.

Denkbare Ziele für einen Elternabend können sein:

→ Informationen vermitteln
→ Erfahrungen austauschen
→ Absprachen treffen oder Aufgaben verteilen
→ Entscheidungen fällen
→ Wahlen durchführen

"Ziele formulieren – warum?", denken Sie jetzt vielleicht. *"Es ist doch eigentlich klar, worum es geht. Ich will die Eltern über den aktuellen Stand der Dinge in der Klasse informieren. Außerdem will ich sie auffordern, den Kindern ein ausreichendes, gesundes Frühstück mitzugeben, weil viele Kinder morgens unruhig sind, wahrscheinlich weil sie Hunger haben."*

Alles klar? Wirklich? In dem, was hier so kurz wiedergegeben wurde, stecken gleich mehrere Ziele, die einfacher oder weniger leicht zu erreichen sind. In diesem Elternabend würde es demnach darum gehen, …

- → über verschiedene Themen zu informieren,
- → auf die Unruhe vieler Kinder aufmerksam zu machen,
- → Konsens über eine wahrscheinliche Ursache zu erreichen,
- → eine Absprache in Bezug auf das Frühstück mit den Eltern zu treffen,
- → eine Verhaltensänderung für die Zukunft zu erreichen.

Statt eines Ziels stehen also gleich mehrere Vorhaben auf der Agenda. Das ist öfter als vermutet der Fall. Das Aufschlüsseln Ihrer Ziele kann helfen, spätere Enttäuschungen zu vermeiden („Die Kinder bringen immer noch Kuchen statt Schulbrote mit!"), und ermöglicht auch eine bessere Erfolgskontrolle. Nicht alle Ziele sind gleich wichtig. In der Regel lässt sich eine Zielhierarchie aufstellen. Überlegen Sie für sich, welches Ihrer Ziele Sie unbedingt erreichen möchten und welches eher nachgeordnete Ziele sind.

Im geschilderten Fall könnten die Ziele, die Sie unbedingt erreichen möchten, die Information über den Stand der Dinge und das Aufmerksammachen auf die Unruhe vieler Kinder am Vormittag sein. Weitere Ziele, wie das Abstimmen über die Ursachen der Unruhe, eine konkrete Absprache mit den anwesenden Eltern oder gar eine dauerhafte Änderung des Verhaltens, sind sehr viel schwieriger zu erreichen. Eventuell überfrachten Sie Ihre Veranstaltung, wenn Sie zu viele Dinge auf einmal erreichen möchten.

Das Ziel bestimmt die Methode

Je nachdem, welche Ziele Sie mit den Elternvertretern für den Abend definieren, können Sie aus einer ganzen „Schatzkiste" methodischer Hilfen schöpfen, die Ihnen helfen, genau diese Ziele gut umzusetzen.
Geht es Ihnen in erster Linie darum, zu **informieren**, bietet sich als Methode ein Vortrag oder eine Präsentation an. Sie können entweder selbst sprechen

Den Elternabend planen und vorbereiten

oder weitere Referenten (Fachlehrer oder externe Fachleute) hinzuziehen. Um den Input besser zu verankern, können Sie Ihre Informationen zusätzlich visualisieren, z.B. durch eine Mindmap, Fotos oder eine Filmsequenz. Sie können ein Handout mit den wichtigsten Fakten vorbereiten und sollten in jedem Fall ausreichend Zeit einplanen, um im Anschluss auf Fragen der Eltern einzugehen.

Wollen Sie **Bewusstsein schaffen** für eine bestimmte Situation und vielleicht sogar **eine gemeinsame Haltung** über die Ursachen finden? Dann macht es Sinn, die persönlichen Erfahrungen der Eltern mit einzubeziehen. Statt Behauptungen in den Raum zu stellen („*Ab zehn Uhr sind viele Kinder unkonzentriert, weil …*") können Sie Informationen („*So lernt es sich besser*") mit Kleingruppenarbeit oder Diskussion im Plenum („*So machen wir unsere Familie fit*") verbinden.
Auch eigenes Erleben, z.B. in Form eines Mini-Workshops „Frühstücksfit" o.Ä., wäre hier ein sinnvolles Instrument. Beim Erfahrungsaustausch ist es wichtig, ans Ende eine kurze Zusammenfassung zu stellen, damit alle Eltern auf dem gleichen Wissensstand sind.

Geht es Ihnen um eine **konkrete Absprache**? Dann sollten Sie vorbereiten, worüber genau entschieden wird und worauf Sie sich einigen möchten. Legen Sie Vereinbarungen schriftlich im Protokoll fest, damit sie später eindeutig und nachvollziehbar sind.

Eine **dauerhafte Verhaltensänderung**, sei es beim Frühstück, bei der Hausaufgabenhilfe oder anderen Themen, ist ein besonders anspruchsvolles Ziel. Nicht immer wird es überhaupt erreichbar sein. Bedenken Sie, dass vor einer Verhaltensänderung verschiedene andere Schritte stehen: Sensibilisieren für ein Thema, Verständnis schaffen, Informationen vermitteln, Argumente abwägen und schließlich eigene Ziele und Strategien zu deren Umsetzung formulieren. Eine Verhaltensänderung werden Sie nur erreichen, wenn es Ihnen gelingt, die Eltern innerlich zu überzeugen. Diese müssen von sich aus beschließen, künftig anders zu handeln. Den Prozess des Umdenkens können Sie nur anstoßen – nicht aber das Verhalten anderer Menschen durch Appelle ändern.

Den Elternabend planen und vorbereiten

Vorsicht, Rückzugsfalle:

Oft steht eine vorgefasste Meinung im Hintergrund, wenn es darum geht, Verhalten ändern zu wollen. Das führt schnell zu Frust und Misstrauen bei den Eltern. Überprüfen Sie deshalb immer wieder Ihre eigene Einstellung, und denken Sie daran, dass es in erster Linie darauf ankommt, die Eltern zu stärken und auf positive Ansätze aufzubauen. Für Sie als Pädagoge bedeutet das, die Eltern in ihrer Rolle als Experten fürs eigene Kind zu respektieren und Verhaltensweisen in der Klasse erst einmal zu beschreiben, ohne sie gleich zu bewerten oder Lösungsvorschläge auf den Tisch zu legen.

Und die Eltern? Blick auf die Zielgruppe

„Hoffentlich dauert das nicht wieder so lange. Beim letzten Elternabend musste ich unserem Babysitter eine Stunde extra bezahlen, weil die Lehrerin einfach nicht zum Ende kam."

„Bin mal gespannt, was wir heute zu hören bekommen. In der Klasse geht's ja drunter und drüber."

„Marie macht immer noch so viele Fehler. Mal hören, ob das bei den anderen Kindern auch ein Problem ist."

„Ob ich überhaupt alles verstehe? Der Lehrer redet immer so schnell …"

Bei der Planung Ihres Elternabends dürfen Sie diejenigen, um die es geht, nicht vergessen: die Eltern! Obwohl sie keineswegs eine homogene Gruppe darstellen, sollten Sie versuchen, sich vor dem Elternabend einmal in ihre Rolle zu versetzen.

2 Den Elternabend planen und vorbereiten

> **Tipp:**
>
> Planen Sie den Elternabend so, wie Sie es sich selbst als Teilnehmer wünschen würden! Das beginnt bei der Terminplanung und umfasst organisatorische Gesichtspunkte, wie Raumwahl, Bestuhlung, Beleuchtung, Verpflegung etc., ebenso wie inhaltliche Gesichtspunkte und Methodenwahl. Sicher wünscht sich niemand, einen endlosen Abend lang auf zu kleinen Stühlen in einem schlecht belüfteten Raum zu hocken und einem Frontalvortrag zu lauschen. Schon diese erste Überlegung wird Ihnen daher Aufschlüsse über das „Wie" des nächsten Elternabends geben.

Aus der Sicht Ihrer Teilnehmer besteht das Ziel eines Elternabends vor allem darin, Informationen über die aktuelle Situation der Klasse zu erhalten – besonders in Bezug zum eigenen Kind. Auch das Knüpfen von Kontakten mit anderen Eltern und der gemeinsame Einsatz für die Interessen der Kinder sind Ziele, die die Eltern zur Teilnahme am Elternabend bewegen. Ob Information, Wissensvermittlung, Erfahrungsaustausch oder Absprache – wenn Sie eine Vorstellung von den Erwartungen und dem Wissensstand der Eltern haben, kann Ihnen das die Planung beträchtlich erleichtern.

Was erwarten die Eltern vom Elternabend?

Sicher, die Eltern sind interessiert an den pädagogischen Informationen und dem Input über den Lernstoff, den Sie vorbereitet haben. Das primäre Interesse aller Eltern gilt aber vor allem einem Thema: dem eigenen Kind. Nun geht es beim Elternabend aber nicht um Einzelgespräche, sondern um Informationen, die alle angehen. Bemühen Sie sich aber dennoch, den individuellen Nutzen bzw. Praxisbezug Ihrer Informationen für jeden einzelnen Teilnehmer herauszustellen.

Die Arbeitsfrage *„Was haben die Eltern von dieser Information? Welchen Nutzen verschafft ihnen der Wissensgewinn?"* hilft Ihnen dabei. Theoretisches zum Thema „Lernen lernen" oder hehre pädagogische Anliegen werden nur wenige Eltern vom warmen Sofa locken. Wenn Sie dagegen formulieren: *„Die besten Lernstrategien für mein Kind"*, könnte das Interesse durchaus größer sein. Stellen Sie immer den individuellen Nutzen Ihrer Informationen in den Vordergrund. Das gelingt z.B., indem Sie Eltern persönlich ansprechen oder konkrete Beispiele aufgreifen.

Den Elternabend planen und vorbereiten

Tipp:

Denken Sie beim Formulieren der Einladung zum Elternabend an den konkreten Nutzen, den die Eltern von der Teilnahme haben! Benennen Sie die Punkte der Tagesordnung dementsprechend.

Einmal selbst auf dem Lesesofa Platz nehmen! Eltern wollen wissen, was ihre Kinder konkret erleben. Beim Elternabend dürfen sie deshalb auch mal die Klasse „erforschen", Türen öffnen und alles ausprobieren.

Übrigens:

Neben dem Interesse am Thema ist der Elternabend aus Sicht der Teilnehmer natürlich auch ein soziales Ereignis. Zu Beginn der gemeinsamen Grundschulzeit kennt man sich noch nicht. Jetzt geht es also auch darum, miteinander vertraut zu werden. Ebenso wie die Klasse selbst wird auch die Elternschaft ein Stück weit zusammenwachsen. Später gehört der Austausch untereinander und das soziale Miteinander zu den Anliegen, die Eltern von der Veranstaltung Elternabend erwarten. Dafür sollten Sie Raum einplanen, sei es durch offene Diskussionsrunden und Kleingruppenarbeit im Rahmen des Elternabends, sei es durch ein soziales „Open End" in der nächsten Gaststätte oder durch die von Ihnen angeregte Institution eines Elternstammtisches.

2 Den Elternabend planen und vorbereiten

Was wissen die Eltern bereits über das Thema?

Die Zeit beim Elternabend ist begrenzt. Ebenso können Eltern nicht unbegrenzt Informationen aufnehmen. Bei allen Formen von Input sollten Sie deshalb gut überlegen, ob die jeweiligen Informationen wirklich beim Elternabend vorgetragen werden sollen und ob ein Vortrag oder eine Präsentation die geeignete Methode darstellen. Gerade organisatorische Informationen, wie anstehende Termine und Veranstaltungen (z.B. Klassenfahrt, Ausflug ins Theater), allgemeine Anliegen der Schule (Stadtputztag, Schulhofpflege, Mitarbeit in Gremien), aber auch Informationen über den Lernstoff der nächsten Monate können Sie auch gut in **Schriftform** weitergeben.

Für alle anderen Themen gilt, **so viel wie nötig und so wenig wie möglich** zu vermitteln. Passen Sie Ihre Sprache und den Inhalt Ihrer Ausführungen an den erwarteten Wissensstand der Klassenelternschaft an. Gerade in sozial schwachen Gegenden oder bei Sprachproblemen kommt es eher darauf an, für eine gute Atmosphäre zu sorgen, als inhaltlich ausgereifte Vorträge zu halten. Grundsätzlich empfiehlt es sich, neben eigenen Ausführungen auch immer den Eltern die Möglichkeit zur aktiven Beteiligung zu geben.

Denken Sie daran: Oft kommen Eltern aus ganz unterschiedlichen Bildungsschichten. Was den einen völlig selbstverständlich erscheint, ist für andere Neuland. Auch Einstellungen und Erwartungen (zu viele/zu wenige Hausaufgaben – zu viel Freiraum/mehr Möglichkeit zur Freiarbeit – keine Disziplin/zu viel Gängelung) können sich gerade in der Grundschule beträchtlich unterscheiden. Berücksichtigen Sie auch mögliche Sprachdefizite und kümmern sich rechtzeitig um einen Dolmetscher oder eine Person, die Sie begleitet.

Welche Ängste und Vorbehalte haben die Eltern?

Konflikte gehören zum Leben – selbstverständlich auch in der Schule. Immer wieder werden Eltern unterschiedliche Auffassungen vertreten und mit Entscheidungen des Lehrers oder der Schule nicht einverstanden sein. Wenn Sie Konflikte oder unterschwellige Spannungen in der Klassenelternschaft wahrnehmen, macht es Sinn, sich im Vorfeld des Elternabends auch darauf vorzubereiten. Eltern werden nicht harmonisch über den Umgang mit digitalen Medien reden, wenn ihnen ein ganz anderes Thema unter den Nägeln brennt. Um dann nicht überrascht zu werden, ist es sinnvoll, wenn Sie sich rechtzeitig

Den Elternabend planen und vorbereiten

auf die Situation vorbereiten und Ihre Argumente ordnen. Überlegen Sie auch bei der Planung schon genau, wie weit Sie gehen möchten. Was gehört noch in einen Elternabend? Was sollte in einem anderen Rahmen besprochen werden?

Akute Probleme haben Vorrang!

Generell sollten Sie beim Elternabend akute Probleme den geplanten Themen vorziehen, wenn diese ansonsten eine ergiebige Themenbearbeitung unmöglich machen würden. Kehren Sie Konflikte, Störungen und Unwohlsein nicht unter den Teppich, sondern sprechen Sie sie offen an, z.B.: „Ich habe den Eindruck, dieses Thema braucht heute Abend mehr Raum. Möchten Sie sich jetzt damit beschäftigen? Dafür werden wir jedoch unser eigentliches Thema Lernstrategien nicht ganz zu Ende führen können."

Wenn offensichtliche Konflikte in der Elternschaft brodeln, sollten Sie dazu separat zum Gespräch einladen, um sie zu bearbeiten. Ein „neutraler" Elternabend ist in einer so angespannten Situation ohnehin nicht möglich.
Auch wenn keine unausgesprochenen Konflikte in der Luft liegen, kann es sein, dass Eltern mit Vorbehalten in der Schule eintreffen. Die Gründe können vielfältig sein:
➜ Erinnerung an eigene ungute Erlebnisse während der Schulzeit
➜ privater Stress oder Terminschwierigkeiten
➜ Unsicherheit über den Verlauf des Abends

Für eine gute Arbeitsatmosphäre ist es wichtig, dass Sie sich aktiv bemühen, den Eltern ihre Ängste und Vorbehalte zu nehmen. Eine entspannte und offene Atmosphäre, in der sich jeder Anwesende angenommen fühlt, ist die wichtigste Voraussetzung für einen erfolgreichen Abend und ein produktives gemeinsames Arbeiten.

2

Den Elternabend planen
und vorbereiten

Vor dem Elternabend 3

3 Vor dem Elternabend

Einen Großteil der Arbeit erledigen Sie gemeinsam mit den Elternvertretern bereits im Vorfeld des Elternabends. Thema festlegen, Ziele formulieren, einladen, Technik organisieren, Unterlagen besorgen oder anfertigen, Absprachen mit Kollegen, Referenten und anderen treffen sind einige notwendige Schritte. Aber keine Sorge – was zunächst nach viel Arbeit klingt, wird spätestens beim dritten Elternabend schon Routine. Etliche Materialien drucken Sie dann nur noch schnell aus, und auch für die aktivierenden Methoden greifen Sie lediglich in Ihren großen Materialkoffer.

Sehen Sie es einmal so: Wenn der Elternabend beginnt, liegt die meiste Arbeit schon hinter Ihnen, und Sie dürfen sich mit den Eltern auf einen anregenden Abend freuen!

Die Einladung 2, 3, 4

Ihr nächster Elternabend wird eine Veranstaltung für die Eltern. Die Bedürfnisse, Fragen und Interessen von Müttern und Vätern geben den Inhalt und Ablauf des Abends vor. Mit der Einladung setzen Sie den ersten Akzent dafür. Ihre Gestaltung und der durchdachte Inhalt spiegeln Ihre wertschätzende Haltung gegenüber den Eltern wider und signalisieren: *„Ich gebe mir Mühe. Ihr seid mir wichtig".*
Diese unterschwellige Botschaft ist wichtig. Über die Form, in der Sie einladen, wird bereits viel über die Wertigkeit Ihres Elternabends mitgeteilt. Handelt es sich um eine Veranstaltung, bei der neue Informationen vermittelt werden, die den Eltern und Kindern einen konkreten Nutzen bringen? Macht die Einladung Lust auf den Elternabend? Weckt sie die Neugier, oder bringt sie ihre Empfänger zum Schmunzeln?

Wie Sie mit der Einladung punkten, ohne viel Zeit zu investieren

Gut gestaltet ist halb gewonnen. Tagtäglich werden die Eltern mit einer Vielzahl von schriftlichen Informationen bombardiert. Im Beruf, aber auch privat buhlen unterschiedlichste Anbieter, Gruppen und Interessenvertreter um ihre Aufmerksamkeit. Auch von der Schule erhalten die Familien vielfältige schriftliche Informationen, meist in Form von Kopien. Damit Ihre Einladung aus der Masse heraussticht und auf den ersten Blick überzeugt, müssen Sie sich etwas einfallen lassen.

Keine Sorge – künstlerische Höhenflüge sind nicht notwendig. Auch viel Zeit ist nicht aufzuwenden. Alles, was Sie brauchen, ist ein wenig Kreativität und Einfühlungsvermögen in die Situation der Empfänger.

Tipp:

Die Einladung zum Elternabend ist in den meisten Fällen Aufgabe der Elternvertreter. Oft sind diese aber dankbar für Ihre Unterstützung – besonders dann, wenn auch das Thema schon gemeinsam erarbeitet wurde. Legen Sie deshalb jede Einladung als Vorlage auf Ihrem Rechner ab, so können Sie diese bei Bedarf unproblematisch an die aktuellen Elternvertreter weiterleiten oder selbst erneut überarbeiten und verwenden.

Thema formulieren

Das richtige Thema ist die halbe Miete. Wie Sie Inhalte finden, die den Eltern wirklich wichtig sind, haben Sie auf den letzten Seiten bereits erfahren. Mit einer griffigen Formulierung geben Sie dem Thema nun den richtigen Schliff. Nun sollen Sie nicht unter die Werbetexter gehen. Ein wenig „Leben" kann aber keiner Einladung zum Elternabend schaden. Oder würden Sie nicht auch eher zu einer Veranstaltung mit dem Titel „Endlich gerne lernen!" gehen als zum „Elternabend Lernen"? Gleiches gilt für „Nie mehr Stress mit Hausaufgaben!" kontra „Informationsabend Hausaufgaben" oder für „Alles Banane?" kontra „Gesunde Ernährung".

Je bildhafter und greifbarer Sie das Thema formulieren, desto besser bleibt es bei den Eltern hängen. Schule zeichnet sich in der Erfahrung vieler Eltern nicht eben durch lebendige Sprache aus. Verklausulierte Begriffe, wie Inklusion oder Elementarpädagogik, mögen Ihnen geläufig sein, stoßen aber außerhalb der Schule oft auf Unverständnis. Selbst an sich geläufige Bezeichnungen, wie Addition, Subtraktion etc., verstehen längst nicht alle Eltern! Mit bildhaften Formulierungen machen Sie dagegen Lust auf den Elternabend und starten schon mit der Einladung das „Kino im Kopf" der Eltern.

Vor dem Elternabend

Auf zündende Ideen kommen Sie so:

1. **Bildhaft denken:** Welches Bild fällt Ihnen als erstes ein, wenn Sie an Ihr Thema denken? Welches noch? Versuchen Sie, möglichst zwei Bilder zu sehen. Oft ist unsere erste Idee klischeehaft. Bilder können Sie auch gut für die grafische Gestaltung der Einladung nutzen!

2. **Assoziationen suchen:** Fallen Ihnen Lieder, Märchen, Reime oder Redensarten ein, die mit Ihrem Thema zu tun haben? Auch bekannte Sprüche aus der Werbung eignen sich, weil sie vielen Menschen bekannt sind. Vielleicht können Sie diese abwandeln und als Einladungstext verwenden („*Lernst du schon oder spielst du noch?*"). Oder Sie erhalten über Ihre Assoziation ein einprägsames Bildmotiv – z.B. den berühmten „Zappelphilipp".

3. **Kindermund:** Im Grundschulbereich erreichen Sie die Eltern gut, wenn Sie das Thema in „Kinderworte" fassen. Vielleicht fällt Ihnen tatsächlich eine prägnante Äußerung ein? Oder Sie schreiben aus der Sicht der Kinder, z.B.: „*Nur noch ein paar Minuten! Wie viel Fernsehen und Computer brauchen unsere Kinder?*" oder „*In der Schule find ich's toll – Tipps für eine gute Schullaufbahn für Ihr Kind*".

4. **Provokant sein:** Provokationen sorgen für Aufmerksamkeit. Behutsam eingesetzt, können Sie auch gelegentlich mit diesem Kunstgriff arbeiten. Verwenden Sie rhetorische Fragen („*Alles Banane?*") oder andere Formulierungen, die die Eltern stutzen lassen („*Wer sich nicht bewegt, bleibt sitzen!*"). Achten Sie hier aber besonders darauf, niemanden zu verletzen oder vor den Kopf zu stoßen – am besten testen Sie Ihre Idee erst einmal im Kollegium.

Natürlich soll nicht allein die Überschrift ansprechend und aktivierend formuliert sein. Bemühen Sie sich im gesamten Einladungstext um eine verständliche freundliche Sprache, die Nähe schafft, statt Distanz zu signalisieren. Nicht nur Eltern mit anderem Sprachhintergrund werden Ihnen dafür dankbar sein.

Das sind die wichtigsten Tipps, die Ihnen beim Schreiben helfen können:

Kurze Sätze: Lange, verschachtelte Sätze sind schwerer verständlich als kurze. Gleiches gilt für Worte. Wenn Sie die Wahl haben, wählen Sie ein kürzeres Wort.

Aktive Sprache: Passivkonstruktionen sind schwerer verständlich als die aktive Form. Sie wirken auch weniger dynamisch. Nicht umsonst heißt das Passiv im Deutschen auch „Leideform". Benutzen Sie lieber so genannte „starke" Verben (ohne Hilfsverb): „Wir laden ein", „Ich freue mich", „Ich schlage vor" etc.

Substantivierungen meiden: Die deutsche Sprache neigt zu Substantivierungen. Ersetzen Sie diese durch Verben, wann immer es möglich ist. Substantivierungen erkennen Sie leicht an den Endungen „-heit", „-keit", „-ung".

Füllwörter meiden: eigentlich, irgendwie, sowieso – Füllwörter blasen Ihre Einladung nur unnötig auf und schwächen die eigentliche Aussage. Raus damit!

Fachbegriffe erklären: Wenn Fremdwörter („hospitieren") in Ihrer Einladung notwendig sind, erklären Sie diese. Soweit möglich, vermeiden Sie Fachbegriffe, Abkürzungen und Fremdwörter.

Das gehört in jede Einladung

Neben einer griffig formulierten Überschrift, dem „Motto" Ihres Elternabends, gehören diese Informationen unbedingt in jede Elternabend-Einladung:

1. Den Anfang machen immer eine **freundliche Anrede** und der einleitende Satz. Das signalisiert Höflichkeit, Zuwendung und Wertschätzung. Ob ein allgemeines „Liebe Eltern" oder das personalisierte „Sehr geehrte Familie Meier", bleibt jedem selbst überlassen.

2. Danach folgen die **wichtigsten Fakten**: Was, Wer, Wann, Wo, Wie lange? Beantworten Sie diese fünf „W"-Fragen in den ersten Zeilen – am besten in hervorgehobener Form (eingerückt oder fett hervorgehoben). Diese Informationen sind für die Eltern besonders wichtig und sollten nicht im Text versteckt sein.

3. Fügen Sie die Punkte, die auf der **Tagesordnung** stehen sollen, jetzt ein – am besten als Aufzählung oder nummeriert, das ist besonders übersichtlich.

4. Ein weiterer **Text-Absatz** kann, falls notwendig, einzelne Punkte erläutern und ergänzen. Schreiben Sie kurz, verständlich und freundlich. Persönliche, an die Alltagssprache angelehnte Formulierungen signalisieren Offenheit

3 Vor dem Elternabend

und Zugewandtheit. Dazu gehört etwa, aus der „Ich"- bzw. aus der „Wir"-Perspektive zu schreiben und unpersönliche oder passive Formulierungen zu vermeiden:
„Ich lade Sie herzlich zu unserem nächsten Elternabend ein."
„Das werden unsere Themen sein … ."
„Im Anschluss haben wir die Möglichkeit … ."

5. Fügen Sie eine freundliche **Grußformel** zum Schluss ein, und unterschreiben Sie die Einladung persönlich. Für mehr Verbindlichkeit sorgt schließlich der **Anmeldeabschnitt**. Das hat psychologische Gründe: Wer sich schriftlich anmeldet, hat mehr Hemmungen, nicht zu erscheinen als derjenige, der die Einladung nur zur Kenntnis nimmt.

Einladung in mehreren Sprachen

Haben Sie Kinder mit Migrationshintergrund in Ihrer Klasse, deren Eltern die deutsche Sprache nicht gut beherrschen? Dann bitten Sie jemanden aus der Elternschaft oder aus dem Kollegium, Ihnen die Einladung zu übersetzen. Damit zeigen Sie Ihre Bereitschaft, auf alle Eltern zuzugehen, und nehmen vielleicht einigen die Angst vor einem Elternabend in der fremden Sprache. Textbausteine für Einladungen zum Elternabend, Elternbriefe in verschiedenen Sprachen sowie mehrsprachige Schulinformationen finden Sie z.B. im Internet beim Arbeitskreis Neue Erziehung (ANE) e.V.[5]

Warum nicht einmal …?
Sieben kreative Ideen für Ihre Einladung zum Elternabend

Der Text ist die eine Seite. Gestaltung die andere. Mit diesen Ideen verpassen Sie Ihrer nächsten Einladung zum Elternabend noch mehr Pep:

Format ändern! Immer nur DIN A4 im Hochkant-Format? Das ist langweilig! Drehen Sie Ihr Papier doch einfach ins Querformat, schon sieht die Einladung ganz anders aus! Übrigens eröffnet Ihnen das Querformat auch neue Gestaltungsmöglichkeiten, wenn Sie Ihren Text in Spalten aufteilen, anders anordnen oder das Papier falten. Möglich sind auch völlig andere Formate – z.B. kreisrund wie ein Ball zum Thema Bewegung, rot und rund wie ein Apfel zum Thema Ernährung, grün wie eine Tafel zum Thema Schreiben, als gelbes Rechteck (Bus) zum Thema Klassenfahrt.

Diese kreative Einladung entstand im Rahmen einer Fortbildung zum Elternabend.

Farbe ins Spiel bringen! Grau ist die Theorie, und unsere Kopierpapiere sind gewöhnlich weiß. Das muss nicht sein – setzen Sie zur Abwechslung auf farbiges Papier, das weckt gleich doppelte Aufmerksamkeit. Wenn Sie die technische Möglichkeit haben, können Sie auch mit farbigen Textpassagen (Überschrift, Zwischenüberschrift) tolle Akzente setzen. Ebenfalls sehr effektvoll und ruck-zuck hergestellt sind farbige „Banderolen" aus buntem Papier. Dazu farbiges Kopierpapier quer in Streifen schneiden und zu ausreichend langen Bändern zusammenkleben. Eventuell vorher entsprechend bedrucken (z.B. „Einladung zum Elternabend").

Mit Bildern arbeiten! Die Redensart „Ein Bild sagt mehr als 1000 Worte" mag eine Binsenweisheit sein. Sie trifft aber dennoch zu. Bilder wirken unmittelbar und transportieren Informationen oft sehr viel effektiver als Worte. Setzen Sie darum öfter einmal auf die „Bildsprache", z.B. mit Comics und Karikaturen, Fotos oder Symbolen. Wenn Sie keine Zeit für mehr haben, reicht ein ClipArt, eine Sprechblase oder ein anderes grafisches Element, um Ihre Einladung aufzupeppen: ein Apfel für Ernährung, ein Monitor für Mediennutzung, ein Ball für Kinderspiel, Buchstaben fürs Schreibenlernen, ein Herz für die „herz"-liche Einladung …

Den Scanner nutzen! Scannen ist eine superschnelle Möglichkeit, individuelle und originelle Bildmotive für Ihre Einladung zu produzieren. Scannen Sie z.B. themenbezogene Dinge, die im Unterricht zum Einsatz kamen, und illustrieren Sie damit Ihre nächste Einladung. Verwenden lässt sich alles, was auf den Scanner passt: Naturmaterialien, wie Blätter oder Blüten, Auszüge aus Kindertexten, Eintrittskarten, Zeitungsausschnitte, Bastelarbeiten, erste Häkelversuche …

3 Vor dem Elternabend

Achtung, Urheberrecht!

Texte, Fotos und Zeichnungen aus dem Internet oder aus Büchern sind fast immer urheberrechtlich geschützt. Sie einfach zu kopieren und in eine Einladung einzufügen, ist deshalb nicht erlaubt! Wenn Sie ein bestimmtes Motiv benutzen möchten, erkundigen Sie sich bitte beim herausgebenden Verlag, beim Illustrator bzw. Autor oder beim Betreiber der Internetseite, ob die Verwendung möglich ist.

Den richtigen Rahmen finden! Mit wenigen Mausklicks verpassen Sie Ihrem Anschreiben einen Rahmen (Menü Seitenlayout – Seitenhintergrund – Seitenränder – Seitenrand). Rahmen werten jedes Schriftstück auf (gilt auch für Aushänge am Schwarzen Brett!) und lassen sich problemlos einfügen. Neben einfachen, gestrichelten oder geschwungenen Linien finden Sie auch verschiedene Effekt-Rahmen.

Das Material ändern! Drucken können Sie nicht nur auf Kopierpapier! Einfache braune oder weiße Papiertüten („Das kommt uns nicht in die Tüte!"), Transparentpapier („Durchblick bei der Schulwahl") und Packpapier sind nur einige Materialien, die sich gut bedrucken lassen.

Kinder beteiligen! Wenn es sich anbietet, lassen Sie die Kinder an der Einladung zum Elternabend mitwirken. Dafür gibt es viele Möglichkeiten, die nicht viel Zeit kosten und Eltern und Kindern Freude machen, z.B. können die Kinder erste Schreibfähigkeiten zeigen und eine Anrede einfügen („Liebe Mama, lieber Papa"). Oder die Einladung kann mit einem selbstgemalten Bild aus der Freiarbeit kombiniert werden (z.B. Einladung auf der Rückseite eines Mandala). Ausgeschnittene Elemente (Kunstunterricht) oder Materialien können zum Verschönern aufgeklebt werden. Sicher fallen Ihnen noch weitere Ideen ein!

Vor dem Elternabend

Der richtige Rahmen

Das Thema ist gefunden, die Einladung geschrieben, und zahlreiche Anmeldungen sind eingegangen. Bevor Sie nun die detaillierte Planung des Elternabends angehen, noch einige Worte zum „Drumherum". Eingangs wurde es bereits erwähnt: Eine wesentliche Voraussetzung für einen aus Sicht aller Beteiligten erfolgreichen Abend besteht darin, dass sich die Eltern wohlfühlen. Das erreichen Sie auch, indem Sie für einen passenden Rahmen sorgen.

Nun ist ein Elternabend keine Wellness-Veranstaltung. Dennoch schaffen Sie mit wenigen Handgriffen eine Atmosphäre des Willkommens, die es den Eltern und Ihnen leicht macht, miteinander ins Gespräch zu kommen und vertrauensvoll zusammenzuarbeiten. Das geschieht nicht zum Selbstzweck. Als Veranstalter haben Sie – gemeinsam mit den Elternvertretern – ein großes Interesse daran, den Eltern von Anfang an ein Gefühl des Willkommens und Wohlbefindens zu vermitteln. Nur so nämlich entsteht eine Atmosphäre, die gutes, effektives Arbeiten erlaubt.

Denken Sie daran: Die Teilnehmer Ihres Elternabends kommen mit Interesse und Neugier, aber auch mit einiger Unsicherheit beim Elternabend an. Schließlich wissen sie nicht, was genau sie hier erwartet. Viele haben einen langen Arbeitstag hinter sich, sind müde oder abgehetzt. Indem Sie ihnen den Einstieg so leicht wie möglich machen, helfen Sie den Eltern, wirklich beim Elternabend „anzukommen" und sich mit Offenheit auf Ihre Informationen und Inhalte einzulassen.

Drei Instrumente stehen Ihnen zur Verfügung, um den Elternabend von Anfang an optimal zu gestalten:

→ Orientierung
→ Atmosphäre
→ Aktivierung

Orientierung vor Ort

Sicher haben Sie selbst schon einmal eine Situation erlebt, in der Sie sich unsicher gefühlt haben, weil Sie sich überhaupt nicht auskannten. Ähnlich geht es Eltern, die zum ersten Mal einen Elternabend in der Schule besuchen. Machen Sie ihnen das Leben leichter, indem Sie …

3 Vor dem Elternabend

→ ein Hinweisschild an der Eingangstür anbringen: „Heute findet um 19.30 Uhr der Elternabend der Klasse 2a in Raum 201 statt (2. Obergeschoss). Herzlich willkommen!",
→ falls notwendig, einen oder mehrere Wegweiser im Schulgebäude anbringen,
→ die eintreffenden Eltern beim Ankommen gleich an der Tür begrüßen – soweit möglich mit Namen,
→ Namensschilder vorbereiten und das eigene nicht vergessen,
→ Eventuell einen Büchertisch mit Literatur zum Thema vorbereiten,
→ Arbeitsmaterialien und Spiele auslegen, die im Unterricht oder Freispiel zum Einsatz kommen (Alle Eltern werden sich brennend dafür interessieren und können gleichzeitig die Zeit des Ankommens überbrücken.),
→ durch Fotos, eine Diashow (dazu reicht ein aufgeklapptes Notebook) oder ausgestellte Arbeiten der Kinder ins Thema einführen und den Eltern etwas geben, mit dem sie sich beschäftigen können, bis alle eingetroffen sind,
→ für einen eindeutigen und pünktlichen Beginn sorgen.

Ein Hinweisschild an der Außentür ist schnell gemacht und erleichtert die Orientierung.

Idee

Falls Sie in Ihrer Klasse ein akustisches Signal (Glocke, Klangschale) einsetzen, um die Kinder an das Ende einer Arbeitsphase o. Ä. zu erinnern, sollten Sie dieses Signal auch beim Elternabend einsetzen. Die Eltern sind an allem interessiert, was den Alltag ihres Kindes betrifft!

Orientierung über den Ablauf: Tagesordnung

 5, 6

Wichtig für die Orientierung ist auch, dass Sie den geplanten Ablauf für die Eltern sichtbar machen. Zwar haben Sie bereits in Ihrer Einladung die wichtigsten Punkte der Tagesordnung mitgeteilt – rechnen Sie aber immer damit, dass nicht alle Anwesenden die Einladung mitbringen. Schreiben Sie die Tagesordnung mit den vorgesehenen Zeiten deshalb an die Tafel, oder nutzen Sie einen Flipchart-Ständer. Zu Beginn des Elternabends verlesen Sie die Tagesordnung und fragen, ob jemand Ergänzungen dazu hat. Übrigens: Länger als zwei Stunden sollte der Elternabend nicht dauern!

Der Vorteil einer sichtbaren Tagesordnung: Die Eltern erhalten Sicherheit über den Verlauf des Abends und können abschätzen, an welcher Stelle des Programms sie sich jeweils befinden. Für Sie und weitere Referenten kann die Tagesordnung hilfreich sein, wenn es zu Diskussionen kommt oder Vielredner das Wort nicht mehr abgeben. Verweisen Sie dann auf die Tagesordnung und den gesetzten Zeitrahmen.

So kann die Tagesordnung aussehen:

1. Begrüßung
2. Bericht zur Situation der Klasse
   (z.B. Stundentafel, Einsatz von Fachlehrern, Förderstunden, Arbeitsgemeinschaften, Leistungserhebung, Beobachtungen, Klasse vorstellen, Klima in der Klasse)
3. Präsentation des Lehrplans
4. Leistungen und Benotung
   (z.B. Hausaufgaben, Tests, Klassenarbeiten, Notenvergabe, Leistungsstand der Klasse, Ordnungsmaßnahmen seitens der Lehrer)
5. Pflichten der Eltern
   (z.B. Umgang mit fehlenden Hausaufgaben, Symbole im Hausaufgabenheft, Krankmeldungen, Anträge auf Unterrichtsbefreiung, Verhalten bei Problemen)
6. Anschaffungen und Vorhaben
   (z.B. Wörterbuch und anderes Unterrichtsmaterial, Klassenlektüre, Klassenfahrt, Ausflüge, Unterrichtsgänge)

3 Vor dem Elternabend

> 7. Einsatz der Eltern (Helferliste)
> 8. Terminabsprachen und Hinweis auf Sprechzeiten
> 9. Sonstiges
>   (z.B. Wahl der Elternvertreter)
> 10. Fragen und Anregungen
>   (z.B. Anregungen für den nächsten Elternabend)

Anfangs ein Muss – Namensschilder

Namensschilder sind beim ersten Elternabend ein Muss! Tragen Sie selbst ein Namensschild, und bereiten Sie für alle Eltern, die sich angemeldet haben, ebenfalls welche vor. Die Schilder lassen sich leicht auf etwas dickeren Tonkarton ausdrucken und auseinanderschneiden. Befestigt werden sie ganz einfach mit Krepp-Klebeband oder kleinen Holzklammern. Oder drucken Sie Namensschilder auf DIN-A4-Bögen aus und falten sie zum Stehschild.

Tipp:

Bei Eltern kommen selbstgemachte Schilder gut an, die mit den Kindern im Unterricht erstellt werden. Bereiten Sie evtl. entsprechende Vorlagen vor und lassen nur den Namen ergänzen oder eine kleine Zeichnung dazu malen. Die Schilder liegen gut sichtbar bereit, wenn die Eltern in den Raum kommen, sodass jeder sein Schild findet und benutzt. Wenn die Tische nicht umgestellt werden, können die Namensschilder auch am Platz des Kindes stehen – so sitzen die Eltern einmal auf demselben Platz wie ihr Sprössling. Für viele ein echtes Aha-Erlebnis.

Atmosphäre 7

An erster Stelle steht hier die Raumwahl. Klassenzimmer oder Kneipe? So könnte man die Alternativen zusammenfassen. Eine dritte Alternative bieten in einigen Schulen allenfalls noch das Lehrerzimmer oder die Bibliothek. Welcher Raum für Ihren Elternabend am besten geeignet ist, werden Sie nach den vorliegenden räumlichen Bedingungen entscheiden. Vielleicht wechseln

Sie auch zwischen den unterschiedlichen Räumen und halten den ersten Elternabend in der Schule ab, den zweiten im Gemeindehaus und den dritten in einer Gaststätte (privaten Raum in geeigneter Größe reservieren!). Das spricht für, das gegen die jeweiligen Räumlichkeiten:

Pro Klassenzimmer

1. Hier sind die Eltern „dicht dran" am eigenen Kind. Gerade zu Beginn der Schullaufbahn interessieren sich Eltern besonders dafür, wo ihr Kind den Tag verbringt. Das spricht für das Klassenzimmer.
2. Das Klassenzimmer muss meist nicht aufwändig umgeräumt werden, Dekoration ist in der Regel durch Aushänge und weiteres Material bereits vorhanden.
3. Lernspiele und weitere Materialien können schnell ausgelegt werden. Eltern informieren sich so über Angebote und kommen untereinander ins Gespräch.
4. Als Klassenlehrer bietet Ihnen der Raum Sicherheit – Sie haben sozusagen den „Heimvorteil".
5. In Gaststätten oder Gemeinderäumen herrschen oft ungünstige räumliche Voraussetzungen. Auch fehlen Ihnen hier meist Utensilien, wie Tafel, Flipchart oder Beamer. Zusätzlich entstehen Ihnen und den Eltern ggf. Kosten durch Raummiete und Verzehr.
6. Im Lehrerzimmer sind u.U. vertrauliche Informationen offen zugänglich.

Tipp:

Findet Ihr Elternabend im Klassenraum statt? Dann beziehen Sie die Kinder in die Vorbereitung ein, und räumen Sie morgens noch einmal richtig toll auf. Viele Kinder werden zu Hause davon erzählen und ihre Eltern damit an den Elternabend erinnern. Außerdem übernehmen auch die Kinder ein Stück Verantwortung und dürfen sich mit als „Gastgeber" fühlen. Schließlich geht es um sie, auch wenn sie in den meisten Fällen nicht selbst anwesend sein werden.

Vor dem Elternabend

Kontra Klassenzimmer

1. Die kleinen Kinderstühle sind für Erwachsene ungeeignet.
2. Viele Eltern haben unangenehme Erinnerungen an die Schulzeit. Im Klassenraum fühlen sie sich deshalb generell unwohl.
3. Eltern und Lehrer verfallen leicht in Rollenklischees – Stichwort Frontalunterricht. Es kostet alle Beteiligten einige Anstrengung, die Rollenmuster zu vermeiden.
4. „Neutrale" Schulräume, wie Lehrerzimmer oder Bibliothek, verfügen über erwachsenengerechte Bestuhlung. Die benötigten Medien und Hilfsmittel stehen in der Regel zur Verfügung.
5. Grelle Beleuchtung und Linoleumböden – viele Klassenzimmer sind recht ungemütlich. Das fördert den Wunsch, möglichst schnell wieder zu gehen, und verhindert einen Austausch und soziales Miteinander zum Abschluss.

Elternabende können auch im Gemeindehaus, in Gaststätten oder sogar privat stattfinden.

Wohlfühlen heißt auch gut sitzen

Egal wo Sie sich treffen – der Elternabend ist keine Schulstunde, und die Eltern sind keine Schüler. Das sollte auch bei der Raumwahl Beachtung finden. Bemühen Sie sich um Kommunikation auf Augenhöhe, und berücksichtigen Sie die Bedürfnisse Ihrer Gäste. Dazu gehören ausreichend große Sitzgelegenheiten sowie ein gut belüfteter Raum. Eine Rolle für das Klima in der Gruppe spielt auch die Sitzordnung. Bewährt hat sich der Stuhlkreis, allerdings sollte die Gruppe dafür nicht mehr als ca. 20 Personen umfassen. Auch können durch die fehlenden Tische nur schlecht Notizen gemacht werden. Dafür entfällt die Möglichkeit, sich zu „verstecken".

Vor dem Elternabend

Für größere Gruppen eignet sich die Sitzordnung in Form eines Vierecks, als Hufeisen oder an Gruppentischen für je sechs Personen. Passen Sie die Sitzordnung an Gruppengröße und Ziele an – für Arbeit im Plenum und Diskussionen ist der Stuhlkreis optimal. Informationslastige Elternabende profitieren, wenn Eltern einen Tisch als Schreibunterlage haben. In der Regel vermeiden sollten Sie die frontale Schul-Sitzordnung, bei der alle Tische nach vorne ausgerichtet sind – das weckt bei vielen Menschen unangenehme Assoziationen.

Sollen die Eltern in Kleingruppen Inhalte erarbeiten? Dann sollte nach Möglichkeit mindestens ein zweiter Raum zur Verfügung stehen, sonst steigt der Lärmpegel schnell zu hoch, und die einzelnen Gruppen können nicht konzentriert arbeiten.

Informieren Sie in jedem Fall den Hausmeister vorab und teilen mit, welchen Raum Sie nutzen möchten. Bestellen Sie ggf. technische Geräte, wie Beamer, Musikanlage o. Ä. Falls Ihnen die schulinternen Räume zu ungemütlich erscheinen, können Sie ja einen Abschluss in der nächsten Gaststätte anregen. Viele Elternschaften führen auch parallel zum Elternabend regelmäßige Elternstammtische ein, bei denen der gesellige Aspekt noch mehr im Vordergrund steht. Sprechen Sie diese Möglichkeit zu Beginn des Schuljahres einmal an, und bieten Sie Ihre Teilnahme an, wenn sie gewünscht wird.

Wohlfühlen von Anfang an!

Kleine Aufmerksamkeiten machen allen Menschen Freude. Wenn es sich anbietet, überraschen Sie beim nächsten Elternabend die Mütter und Väter mit einer Kleinigkeit, die nicht sein müsste. Ob ein Teller mit selbstgebackenen Keksen, eine kleine Süßigkeit (bitte nur Verpacktes!) auf jedem Platz oder etwas Schönes aus der Natur, wie Kastanien, Muscheln o. Ä. – mit einem kleinen Geschenk setzen Sie ein schönes Startsignal. Mit diesen Gegenständen können Sie natürlich auch eine spätere Gruppenarbeit einleiten, indem Sie jedem Teilnehmer etwas hinlegen (Muggelstein, Luftballon, Papierblume) und später diejenigen zusammenarbeiten lassen, die gleiche Gegenstände haben.

3 Vor dem Elternabend

Nett hier! Verpflegung, Beleuchtung, Dekoration

Der Volksmund weiß es seit jeher: Essen hält Leib und Seele zusammen. Auch wenn ein Elternabend kein Restaurantbesuch sein soll, wirken ein paar kleine Knabbereien und Getränke Wunder für die gute Stimmung. Verteilen Sie Knabberzeug und Getränke vor Beginn auf den Tischen, oder richten Sie einen Verpflegungstisch ein, an dem sich bedienen kann, wer mag. Auf alkoholische Getränke sollten Sie in der Schule aber lieber verzichten.

Verpflegung lässt sich gut delegieren. Besprechen Sie das Thema mit den Elternvertretern und bitten sie um ihre Mithilfe. Eventuell können Sie in Absprache mit der Klassenelternschaft auch ein Büfett organisieren, zu dem jeder eine Kleinigkeit mitbringt. Falls Sie selbst für Getränke und Knabbereien sorgen, stellen Sie neben die Saft- und Wasserflaschen eine Schale mit einem Schild „für Getränke", und weisen Sie beim ersten gemeinsamen Elternabend auf diese Praxis hin. Garantiert bleibt die nicht leer. Der Überschuss fließt in die Klassenkasse.

Kleiner Aufwand, schöne Wirkung: Mit kleinen Dekorationen Wertschätzung zeigen.

Regen Sie als besonderes Highlight ein multikulturelles Büfett an, wenn viele Eltern mit Migrationshintergrund in der Klassenelternschaft vertreten sind. Über die Speisen aus ihrer Heimat kommen die Eltern leichter miteinander ins Gespräch.

Gegen die grelle Beleuchtung vieler Klassenräume ist leider kein Kraut gewachsen. In der Arbeitsphase spricht dagegen auch nicht allzu viel, schließlich benötigen Sie ausreichendes Licht. Wenn es möglich ist, sollte aber zu Beginn und ggf. auch während des Elternabends eine freundlichere Beleuchtung gewählt werden. Stellen Sie dazu die Lichtstärke auf halbe Kraft und ergänzen evtl. Kerzen im Windlicht, eine Lichterkette oder einige kleinere Lampen. Für angenehme Atmosphäre sorgen Kleinigkeiten – ein paar Papierservietten auf den Tischen, Kerzen, Naturmaterialien.

Knabbereien, Getränke, Beleuchtung: Das alles sorgt für eine stressfreie angenehme Atmosphäre. Darüber freuen sich alle Eltern. Besonders wichtig ist die Atmosphäre des Willkommens jedoch für diejenigen, die mit Ängsten oder Vorbehalten kommen. Wenn diese Eltern schon bei der Ankunft das Gefühl haben „Hier bin ich willkommen", ist das die beste Voraussetzung für einen gelungenen und effizienten Elternabend.

Medieneinsatz und Unterlagen

Unbedingt im Vorfeld abzuklären sind alle Fragen der Technik. Der Hausmeister muss ca. eine bis zwei Wochen im Voraus informiert werden. Mit ihm klären Sie auch die benötigten technischen Geräte, wie Beamer, Overhead-Projektor, Tonbandgerät, Flipchartständer etc., ab.

Tipp:

Setzen Sie beim Elternabend auf Medienwechsel! Immer nur zuhören, wie einer vorn spricht: das ermüdet. Schließlich haben die meisten Eltern auch bereits einen langen Arbeitstag hinter sich. Machen Sie ihnen das Leben und Zuhören leichter, indem Sie Abwechslung einbauen. Das geht auch über einen Wechsel der eingesetzten Medien und evtl. des Ortes, z.B. Diashow, Input als Vortrag, kurzer Rundgang oder Aufteilen an Gruppentische, Tafelbild, Flipchartständer, Tonaufnahme abspielen, Film zeigen, PowerPoint-Präsentation etc.

„Denn was man schwarz auf weiß besitzt, kann man getrost nach Hause tragen".

Was Goethes Mephisto recht ist, sollte Ihnen in jedem Fall billig sein. Bereiten Sie für Ihren thematischen Elternabend ein Handout zum Elternabend vor, das in Stichworten die wichtigsten Fakten enthält. Das Handout sollten die Eltern gleich zu Beginn erhalten – viele werden sich zusätzliche Notizen machen wollen. Wenn nur Terminfragen auf dem Plan stehen, können Sie auf das Handout verzichten, in vielen Schulen erhalten die Eltern ohnehin einen Jahresplan mit den wichtigsten Terminen, der nur noch um die wenigen klassenspezifischen Veranstaltungen ergänzt werden muss.

Vor dem Elternabend

Grundsätzlich sollen Unterlagen den Eltern das Leben erleichtern. Wer einen Stapel Papier nach Hause schleppen muss, wird diesen höchstwahrscheinlich nicht später durcharbeiten. Andererseits gilt: Fürs Verstehen ist die Aufnahme über Lesen und Hören effektiver. Mit einem Handout gehen Sie also sicher, dass Wichtiges auch wirklich ankommt.

Zeigt, dass Sie mitdenken: Notizpapier und Stifte für diejenigen Eltern, die keine eigenen dabeihaben.

Unterlagen, die je nach Bedarf vorbereitet werden – auf einen Blick

- → Anwesenheitsliste mit Stift / evtl. kombiniert mit Liste zum Sammeln der E-Mail-Adressen
- → Wahlbögen (bei der Wahl der Elternvertreter)
- → ggf. Info-Broschüre über Aufgaben der Elternvertreter
- → ggf. Schulbroschüre mit den wichtigsten Informationen und Telefonnummern
- → Tagesordnung (z.B. auf Flipchart oder als Handout)
- → Fragebogen für zukünftige Elternabende
- → Formblatt fürs Protokoll
- → Namensschilder (ggf. Klebeband zum Befestigen)
- → Bögen für eine „Elternkartei", in der die Eltern Beruf/Wohnort/ Was kann ich gut, das die Schule braucht/Bereitschaft, zu fahren etc. eintragen können
- → Stifte und Papier für diejenigen, die eigene Schreibunterlagen vergessen haben
- → Kreide für die Tafelbeschriftung
- → gut, dabeizuhaben: Klebeband, Schere, Taschentücher, Kopfschmerztablette, Fotoapparat

Einsam oder gemeinsam?
Im Vorfeld Aufgaben delegieren

Noch einmal ganz deutlich: In den meisten Bundesländern ist der Elternabend Sache der Elternvertreter. Bemühen Sie sich deshalb von Anfang an, die Elternvertreter mit ins Boot zu holen. Dazu gehört auch, dass Sie Informationen bereitstellen, in denen die Rechte, Pflichten und Aufgaben der Elternvertreter festgehalten sind. Viele Eltern sind zwar bereit, ein Amt in der Klasse oder auf Schulebene zu übernehmen, kennen sich aber mit den Gepflogenheiten naturgemäß nicht aus. Stellen Sie das entsprechende Material entweder selbst zusammen (einmal reicht für lange Zeit!). Oder greifen Sie auf vorhandene Broschüren zurück, die in mehreren Bundesländern zur Verfügung stehen.[6]

Je besser „Ihre" Eltern informiert sind, desto eher werden sie bereit sein, sich aktiv zu beteiligen. Schlagen Sie am besten gleich am Abend der Elternvertreterwahl regelmäßige Treffen vor, um anstehende Termine, wie Elternabend oder Klassenfest, zu planen. Ein Treffen pro Halbjahr reicht dafür in der Regel aus!

Bei der Vorbereitung und Durchführung des Elternabends können Eltern auf vielfältige Weise aktiv werden und Sie damit entlasten:

→ Thema festlegen
→ Einladung schreiben/Rückantworten auswerten
→ Protokoll schreiben
→ Begrüßen
→ Informieren zu bestimmten Themen
→ Elternabend moderieren
→ Tagesordnung bzw. Handout vorbereiten
→ Verpflegung organisieren und aufbauen
→ Falls notwendig, einen alternativen Tagungsort, wie Vereinsheim, Gemeindehaus, Gaststätte, organisieren

Vor dem Elternabend

Abwechslung tut gut!

Ein Wechsel der Referenten ist in jedem Fall sinnvoll. Dadurch erhalten Sie die Aufmerksamkeit der Eltern. Zwei Redner, die sich abwechseln, etwa indem einer moderiert und der andere fachlichen Input liefert, geben Ihrem Elternabend mehr Dynamik.

Ähnliche Effekte erreichen Sie durch einen Wechsel der Medien. Also nicht nur an die Tafel schreiben, sondern zwischendurch mal den Beamer einsetzen, eine Tonaufnahme einspielen, eine Diashow ablaufen lassen oder die Eltern zur Besichtigung des Biologieraumes bitten.

Auch an **Kollegen** werden Sie gelegentlich Teile des Elternabends delegieren, etwa wenn diese ihre Fächer vorstellen. Falls Sie nicht ohnehin ein eingespieltes Team sind, sollten Sie im Vorfeld kurz die Dauer des Vortrags (nicht mehr als 10 Minuten!) und die eingesetzten Medien besprechen. Schade, wenn die Kollegin eine Präsentation vorbereitet hat, die dann aus technischen Gründen nicht funktioniert. Oder wenn der Kollege lediglich das Inhaltsverzeichnis seines Lehrbuches verliest, um über den Stoff der kommenden Monate zu informieren. Die Fachlehrer sollten sich in jedem Fall mindestens einmal vorstellen, nach Möglichkeit zeitnah zu ihrem ersten Unterricht in der Klasse!

Wenn es sich anbietet, können auch **externe Referenten** wertvolle Impulse für einen Elternabend liefern. Speziell bei solchen Themen, die ein spezielles Know-how erfordern, profitieren Sie von Fachleuten aus Beratungsstellen oder Bildungseinrichtungen. Unter anderem die Volkshochschulen, aber auch andere Einrichtungen schicken auf Anfrage Referenten zu Themen wie Medienkompetenz, Lernstrategien, Sprachenlernen, Suchtproblematik, Gender u.v.m. Klären Sie auch mit diesen Personen ganz genau den zeitlichen Rahmen und die vorgesehenen Medien. Nur so lohnt sich der organisatorische Aufwand, und alle Beteiligten können von den „Externen" profitieren.

Tipp:

Denken Sie an das **Know-how der Elternschaft**, bevor Sie einen externen Referenten einladen. Möglicherweise befindet sich eine Expertin für Ernährung, eine Lerntherapeutin, ein Psychologe oder ein Software-Entwickler unter den Eltern.
Vorteil: Experten aus der Elternschaft werden sich besonders sorgfältig vorbereiten, und Sie können im Vorfeld genau besprechen, auf welche Punkte es Ihnen vor allem ankommt.

Mehrsprachige Elternabende

Sprachbarrieren überwinden

Elternabende sind eine Möglichkeit, die Schule für Eltern zu öffnen und gegenseitiges Verständnis herzustellen. Schwierig wird das, wenn Sprachbarrieren das Verstehen und den Austausch erschweren. Der Grund für eine geringe Anwesenheit fremdsprachiger Eltern liegt auf der Hand. Niemand setzt sich gern Situationen aus, in denen man sich unsicher fühlt. „Ich verstehe doch nichts" und „Ich kann sowieso nichts einbringen, weil ich die Sprache nicht beherrsche" sind die Gedanken, die einen Besuch des Elternabends leicht verhindern können.

Wenn Sie gezielt daran arbeiten möchten, den Elternabend für alle Eltern zu öffnen,
→ laden Sie grundsätzlich mehrsprachig zum Elternabend ein[7],
→ fragen Sie ggf. telefonisch nach, ob die Einladung angekommen ist und die Eltern teilnehmen werden,
→ bitten Sie einen Kollegen und/oder Eltern darum, beim Elternabend zu dolmetschen, oder organisieren Sie anderweitige Hilfe,
→ richten Sie den Elternabend so ein, dass nach Möglichkeit alle Eltern sich beteiligen können, z.B. durch Gruppenarbeit mit Dolmetschern, bildlastige Visualisierung, extra Begrüßung der ausländischen Eltern oder auf diese ausgerichtete Aktivitäten.

3 Vor dem Elternabend

Überlegen Sie im Kollegium auch einmal, ob es möglich ist, bestimmte Elternabende, wie den ersten Elternabend im Schuljahr, doppelt durchzuführen. Das mag auf den ersten Blick diskriminierend wirken, macht aber durchaus Sinn, wenn viele Eltern aus einem Kulturkreis zur Klasse gehören. Separate Angebote müssen von Elternschaft und Team keineswegs als Ausgrenzung empfunden werden. Sie stellen für viele Teilnehmer sogar eine besondere Gestaltungs- und Erlebnischance dar. Wenn sie öfter stattfinden, können diese eigenen Elternabende für die zugewanderten Eltern sogar das Profil der Schule schärfen. Sie signalisieren ein Hinsehen und Akzeptieren der realen Situation und machen deutlich, dass sich die Schule ihrer Verantwortung gegenüber allen Eltern stellt.[8]

Wichtig ist, dass es den Eltern freisteht,
- ob sie den mehrsprachigen Elternabend mit Dolmetschern besuchen,
- ob sie am regulären Elternabend teilnehmen, weil ihre sprachlichen Fähigkeiten gut genug sind, oder
- ob sie sogar zu beiden Terminen kommen.

Wenn Eltern mit mangelnden Sprachkenntnissen am Elternabend teilnehmen, können andere Eltern oft als Dolmetscher helfen. Sprechen Sie mögliche Helfer gezielt und rechtzeitig an und bitten um Unterstützung. Vielleicht bleibt Ihnen die ein oder andere „Dolmetscher-Mutter" auch über die Grundschulzeit des eigenen Kindes erhalten.

Richten Sie sich beim Elternabend in jedem Fall darauf ein, dass eventuell mehr Zeit gebraucht wird, wenn einzelne Teile übersetzt werden müssen.

Auch über den Elternabend hinaus kann die Kooperation mit den fremdsprachigen Eltern nur hilfreich sein. Durch niedrigschwellige Angebote werden Hemmschwellen der Schule gegenüber abgebaut, bevor es zum Konflikt kommt oder bevor sich Eltern und Schule unüberbrückbar weit voneinander entfernen. Zu diesen Angeboten gehören:
- internationale Eltern-Schüler-Cafés
- gemeinsame Feste und Aktionen
- regelmäßige Gesprächskreise
- spezielle Angebote, wie Sprach-, Sport-, Koch- oder Computerkurse etc. für Mütter
- gemeinsame Angebote für Eltern und Kinder, wie Hausaufgabenhilfe, Computerkurse, Kunstkurse

Vor dem Elternabend

→ regelmäßige Elterngespräche
→ Beratung für Eltern aus anderen Kulturkreisen bei medizinischen, administrativen oder anderen Fragestellungen (Schuldnerberatung, Erziehungsberatung …)

Solche Angebote können selbstverständlich nicht von den Lehrern allein „gestemmt" werden. Sinnvoll ist ein Vernetzen mit weiteren Einrichtungen auf lokaler Ebene, wie Familienzentren, Ausländerbeauftragten, Vereinen und Selbsthilfeorganisationen.

Alleine das beharrliche „Immer-Wieder-Nachfragen" und Signalisieren von Interesse bedeutet aber einen beträchtlichen Mehraufwand an Zeit und Nerven für Sie als Klassenleitung. Dennoch lohnt der Aufwand, wenn dadurch der Kontakt zwischen Schule und Elternhaus gewahrt wird. Zeigen Sie Interesse an den Lebensbedingungen der ausländischen Eltern, Offenheit für andere kulturelle Bedingungen, religiöse Bräuche und Tabus sowie für ein anderes Geschlechterrollenverständnis. Im Übrigen kann auch nicht pauschal von „den fremdsprachigen Eltern" gesprochen werden, da sich Lebenssituation, Bildungsniveau und Nationalität von Familie zu Familie grundlegend unterscheiden können.

Bemühen Sie sich darum, Gelegenheiten zu schaffen, bei denen die fremdsprachigen Eltern als Bereicherung empfunden werden, z.B. durch kulinarische, musikalische oder andere Angebote bei Festen (Konzert, Märchen erzählen, Büfett aus aller Herren Länder) oder Hilfestellung bei Klassenprojekten, AGs und Schulveranstaltungen. Zum Austausch tiefer gehender Informationen eignet sich statt des Elternabends eher das Elterngespräch, evtl. auch ein Gesprächskreis. Wichtig ist der kontinuierliche Kontakt, gern auch auf informeller Basis.

Mögliche Themen

Elternabende in einer Klasse mit vielen Kindern mit Migrationshintergrund haben natürlich grundsätzlich die gleichen Themen wie in jeder anderen Klasse auch. Wenn Interesse besteht, können Sie die Vielfalt im Klassenzimmer jedoch auch mit eigens auf diese Thematik ausgerichteten Elternabenden thematisieren oder einen der Vorschläge als Baustein in einen der nächsten Elternabende integrieren.

Vor dem Elternabend

Daran sind oft viele Eltern interessiert. Folgende Themen können sich anbieten:

„Vielfalt als Chance – verschiedene Nationen in einem Klassenzimmer"
Ziel: Der Elternabend beschäftigt sich mit den Chancen, die durch die Klassenzusammensetzung für alle Kinder entstehen. Zur Sprache kommen die Anforderungen, die Kinder mit unterschiedlichen kulturellen Hintergründen an Unterricht und Förderung stellen.

→ Wie gehen wir an unserer Schule mit Vielfalt um?
→ Wie geht es unseren Kindern damit?
→ Wie können Eltern und Lehrer gemeinsam dafür sorgen, dass alle Kinder entsprechend ihren Bedürfnissen gefördert werden?

Hilfreich bei diesem Vorhaben ist die Unterstützung durch externe Referenten und, falls erforderlich, auch durch Dolmetscher.

„Chancen unserer interkulturellen Klasse"
Ziel: Eltern erfahren die Grundzüge interkultureller Pädagogik. Sie verstehen, in welchen vielfältigen Formen ihre Kinder vom interkulturellen Miteinander profitieren.

Vorgehen: Anhand mehrerer Thesen reflektieren Eltern in Kleingruppen über den Unterricht in einer interkulturellen Klasse. Abschließend werden die Diskussionsergebnisse vorgestellt. Der Moderator informiert über die praktische Arbeit in der Klasse.

„Wir gehören zusammen – wie Integration gelingt"
Ziel: Nachdenken über den Begriff Integration, über Trennendes und Verbindendes. Antworten finden, wie Eltern der Klasse Integration ganz praktisch erfahren können.

Vorgehen: Eltern stellen dar, wie sie sich in Deutschland fühlen – als gemaltes Bild oder Collage aus Zeitschriftenbildern. Anschließend wird in 2er-Gruppen erarbeitet, was die Eltern wichtig finden, wenn es ums Thema Integration geht. Zum Abschluss wird präsentiert und weiterführende Fragen im Plenum diskutiert.

Die sechs Phasen des Elternabends 4

4 Die sechs Phasen des Elternabends

Als Lehrer ist die Wissensvermittlung Ihr Beruf. Beim Elternabend geht es im Wesentlichen genau darum: um die Vermittlung von Wissen und das gemeinsame Erarbeiten von Ergebnissen. Wie jede Fortbildungsveranstaltung (oder jede Unterrichtseinheit) lässt sich der Elternabend in Phasen einteilen. Dazu gehören

- **Phase 1:** Ankommen und Orientieren (ab S. 64)
- **Phase 2:** Anwärmen und beim Thema ankommen (ab S. 74)
- **Phase 3:** Informationen vermitteln (ab S. 93)
- **Phase 4:** Themen bearbeiten (ab S. 110)
- **Phase 5:** Ergebnisse sichern (ab S. 134)
- **Phase 6:** Den Abschluss gestalten (ab S. 136)

In jeder dieser Phasen sollen die Eltern das Gefühl haben „Hier bin ich richtig!". Dann werden sie aufmerksam zuhören, sich aktiv einbringen und konstruktiv mitarbeiten. Auf den folgenden Seiten erfahren Sie, wie Sie die Grundsätze **Wertschätzende Haltung, Aktivieren, Positive Atmosphäre und Gekonnte Präsentation** in jeder Phase des Elternabends praktisch umsetzen können.

Der Ton macht die Musik

Stellen Sie sich vor, die Eltern seien Ihre privaten Gäste. Das heißt: Alles ist vorbereitet, wenn die ersten Personen eintreffen. Für angenehme Atmosphäre ist gesorgt, Kleinigkeiten zum Knabbern und Trinken stehen bereit. Mit einer freundlichen Begrüßung signalisieren Sie ein „Herzlich willkommen". Am wichtigsten: Sie freuen sich auf den Abend – das wird man Ihnen anmerken!

Die sechs Phasen des Elternabends

 8

Phase	Ziele
Phase 1: Ankommen und Orientieren	→ positive Atmosphäre schaffen durch Deko, Beleuchtung, Musik, Wegweiser, Sitzordnung … → persönlich begrüßen
Phase 2: Anwärmen und beim Thema ankommen	→ Kennenlernen durch Spiele und Rituale → Ablauf vorstellen → ins Thema einführen
Phase 3: Informationen vermitteln	→ Interesse wecken → in den Zuhörer hineinversetzen → lebendig, kurzweilig und konkret informieren
Phase 4: Themen bearbeiten	→ Eltern aktivieren → verschiedene Methoden einsetzen → Inhalte erleben lassen
Phase 5: Ergebnisse sichern	→ Eindrücke abfragen → Gelerntes/Erfahrenes einordnen → Inhalte zusammenfassen
Phase 6: Den Abschluss gestalten	→ Ergebnisse sichern → Handlungen für die Zukunft definieren → Verabschieden und Ausblick geben

> **4** Die sechs Phasen des Elternabends

Phase 1: Ankommen und Orientieren

Die Einladung wurde verteilt, die Eltern haben sich angemeldet, die Entscheidung für einen Raum ist gefallen. Jetzt ist es so weit: Der Elternabend soll beginnen. Wie wichtig Raumgestaltung und Atmosphäre sind, wurde bereits beschrieben. Nun steht die persönliche Begrüßung der Anwesenden durch die Elternvertreter und durch Sie als Klassenlehrer auf dem Plan. Stellen Sie auch weitere Fachlehrer jetzt bereits namentlich vor.

Ebenso gehört der Verweis auf die Tagesordnung an diese Stelle. Damit erleichtern Sie den Eltern von Anfang an die Orientierung und sorgen für Sicherheit. Halten Sie die Begrüßung kurz, und leiten dann zu einer aktivierenden Übung über. Das kann ein Spiel zum Kennenlernen oder eine schlichte Vorstellungsrunde sein. Ideen dafür finden Sie auf den nächsten Seiten.

Oder Sie wählen, wenn sich die Elternschaft bereits gut kennt, eine aktivierende Übung oder eine kurze Präsentation, mit der Sie in Ihr Thema einführen. Anregungen dafür finden Sie ab Seite 76.

Wie persönlich soll ich werden?

Für jüngere Kollegen oft eine Gratwanderung ist die Frage, wie persönlich die Begrüßung sein soll. Zum einen wissen wir, dass sich viele Eltern für die Person des Klassenlehrers, für Einstellungen, Interessen und Werdegang interessieren. Zum anderen sollte aber gerade beim Kennenlernen der professionelle Kontext der Begegnung nicht vernachlässigt werden. Die Balance fällt gerade beim ersten Elternabend vor einer neuen Elternschaft nicht ganz leicht.

Ob und wie viel Persönliches preisgegeben wird, hängt letztlich von jedem selbst ab. So kann es durchaus vertrauensbildend sein, wenn die Eltern erfahren, dass die neue Lehrerin selbst Mutter ist. Weitere Einzelheiten zum Familienstand tun dagegen beim Elternabend nichts zur Sache („2002 habe ich dann meinen jetzigen Mann kennengelernt …"). Dass Sie gerne wandern, ist ebenfalls nicht wirklich relevant, kann aber als persönliches Detail für Vertrau-

en sorgen. Fakten über den eigenen Werdegang, z.B. an welcher Schule Sie zuvor gearbeitet haben oder welche Zusatzausbildungen Sie haben, dürfen Sie allerdings ruhig erwähnen.
Wer unsicher ist, stellt vorher eine kurze Liste mit Stichworten zusammen – so vermeiden Sie auch, sich unter Stress zu „verplaudern".

Wenn Lehrer allzu distanziert wirken, kann das bei den Eltern schlecht ankommen. Der Elternabend ist immer auch ein Forum, auf dem Sie sich selbst präsentieren. Wenn die Eltern Sie als offene und kompetente Persönlichkeit erleben, vertrauen sie Ihnen auch in Sachen Erziehung und Wissensvermittlung. Bitte denken Sie aber daran, dass allzu viel persönliche Nähe nicht wirklich sinnvoll ist. Schließlich ist Ihr Verhältnis zu den Eltern ein professionelles, kein persönliches. Vor allem: Beim Elternabend soll es schließlich um die Kinder gehen und nicht um die Person des Lehrers.

Kreative Ideen für einen guten Start

Für einen guten Start sorgt neben der Begrüßung auch die Gestaltung des Raums. Neben den beschriebenen Elementen, wie Büchertisch, Sitzordnung, Namensschilder etc., sorgen Sie damit für einen netten Einstieg. Alle beschriebenen Vorschläge lassen sich schnell vorbereiten und schaffen ruck-zuck eine Atmosphäre, die den Eltern vermittelt: Schön, dass du da bist, hier bist du richtig!

Bewegte Bilder

Bilder faszinieren und sind echte Hingucker. Nutzen Sie das aus und lassen beim Ankommen eine Diashow ablaufen. Fotografieren Sie im Vorfeld des Elternabends die Kinder während des Unterrichts, auf dem Schulhof, bei der Freiarbeit oder bei anderen Gelegenheiten. Für Eltern sind gerade diese Alltagsszenen besonders interessant. Präsentiert wird entweder über den Beamer oder, falls das zu aufwändig ist, auf einem Laptop (stolpersicher auf einem Tisch am Rand platzieren). Diashows lassen sich mit wenigen Klicks in PowerPoint erstellen oder, noch schneller, über die Funktion „Diashow" im Bilderordner Ihres PCs. Achten Sie darauf, alle Kinder mindestens einmal zu zeigen!

Achtung: Recht am eigenen Bild!

Falls Sie Fotos oder Videos von Kindern herstellen und präsentieren möchten, fragen Sie unbedingt Eltern wie Kinder vorher um Erlaubnis. Am besten lassen Sie sich von den Eltern schriftlich bestätigen, dass Sie aus pädagogischen Gründen Foto- und Videoaufnahmen von Kindern und deren Arbeiten herstellen dürfen. Respektieren Sie, wenn Kinder oder Eltern damit nicht einverstanden sein sollten.

Ausstellung

Mit Fotos und/oder Arbeiten der Kinder können Sie eine mobile Ausstellungswand oder die Pinnwände im Klassenraum zur Mini-Ausstellung machen. Schön für die Aktivierung: Fordern Sie die Eltern nach der Begrüßung auf, noch einmal aufzustehen und zur Ausstellungswand hinzugehen. Hier können Sie anhand der Werke ins Thema einleiten. Damit durchbrechen Sie die Erwartungshaltung der Eltern (ankommen, hinsetzen, konsumieren) und bringen sie im Wortsinne „in Bewegung".

Karikatur

Sicher kennen Sie auch etliche Karikaturen über den Schulalltag. Falls nicht bereits im eigenen Bücherschrank vorhanden, finden Sie Material auch im Internet (Urheberrecht beachten: um Erlaubnis fragen!). Ein besonders passendes Exemplar kann Ihren Elternabend einläuten – als vergrößerte Kopie, per Overhead-Projektor oder Beamer.

Tipp Legen Sie eine Materialsammlung mit Motiven an – auch für Einladungen zum Elternabend oder anderen Gelegenheiten können Sie diese immer wieder gut gebrauchen!

Die sechs Phasen
des Elternabends

4

Praxisidee:

"Eltern interessieren sich für den Alltag ihrer Kinder. Darum stelle ich den Eltern beim ersten oder zweiten Elternabend auch mal die Klasse vor. Dazu füge ich Bilder aller Kinder kreisförmig auf eine PowerPoint-Folie ein und zeige sie per Beamer. So sehen die Eltern auch mal die Gesichter der Kinder, die sie bis dahin nur aus Erzählungen kennen."

Zitate

"Erziehung ist die organisierte Verteidigung der Erwachsenen gegen die Jugend."
(Mark Twain)

"Bildung ist nicht das Befüllen von Fässern, sondern das Entzünden von Flammen."
(Heraklit)

Wer kein Bild findet, kann sich mit Worten behelfen. Ein witziges oder sinnfälliges Zitat[9] an die Tafel zu schreiben, kostet Sie nur wenige Sekunden und stimmt die Eltern gleich richtig ein. Ebenfalls schön: Lustige Schülerzitate sammeln und an die Tafel schreiben (Sie wissen ja: Eltern interessieren sich in erster Linie für ihr Kind). Selbstverständlich stellen die Schüler-Zitate niemanden bloß und werden ohne Urheber aufgeschrieben.

Mit einem Zitat steigen Sie gut ein.

Tipp Schreiben Sie Ihr Eingangszitat auf die Innenseite der Tafel und öffnen die Flügel erst zu Beginn der Veranstaltung – das verschafft Ihnen einen Aufmerksamkeitsbonus.

Musik

Der Liedermacher Reinhard Mey hat ein wunderbares Lied getextet. Der Titel: „Elternabend". Mindestens einmal sollten Sie damit einsteigen. Auszüge eignen sich übrigens auch für die Einladung oder als Tafelzitat.

Kinder zu Wort kommen lassen

Freude machen Sie Eltern und Kindern, wenn Sie Ihre Schüler in die Planung einbeziehen, z.B. indem die Kinder ein Tafelbild mit einem Willkommensgruß malen. Am besten auf der Innenseite, so erreichen Sie den richtigen Aha-Effekt, wenn Sie zu Beginn Ihres Elternabends ohne Worte erst einmal die Tafelhälften aufklappen.

Oder singen Sie mit der Klasse einen „Herzlich-Willkommen-Kanon", den Sie aufnehmen und den Eltern vorspielen.

Gut geeignet für einen der ersten Elternabende ist das Interview: Fragen Sie Ihre Schüler, was ihnen an der Schule gut gefällt, warum sie gerne kommen oder was sie am besten können, und nehmen das mit der Videokamera oder als Audio-Aufnahme auf.

Ebenfalls etwas aufwändiger ist die Idee des Kinder-Steckbriefs (etwa ab Klasse 3): Jedes Kind schreibt einen Steckbrief von sich – aber ohne Namen. Beim Ankommen liegen alle Steckbriefe auf einem Tisch, und die Eltern müssen den ihres eigenen Kindes finden. Das lockert die Stimmung und bringt die Eltern untereinander ins Gespräch.

Auch jüngere Kinder können malen. Statt des geschriebenen Steckbriefs können die Kinder im Vorfeld ein Selbstporträt anfertigen oder ihre Familie zeichnen (auch schön: Fotografieren Sie die Hände der Kinder). Legen Sie diese Blätter oder Fotos statt der Namensschilder aus, und bitten Sie alle Eltern, dort Platz zu nehmen, wo ihrer Meinung nach „ihr" Bild liegt.

Ein schöner Einstieg - lassen Sie die Eltern raten, welches ihr Kind ist.

> Die sechs Phasen
> des Elternabends
>
> **4**

Warm-up für den Abend – das Kennenlernen

„Kennenlernspiele? Auf keinen Fall! Die Eltern machen da nicht mit, und ich finde so was auch albern."

Kaum jemand ruft „Hurra", wenn ein Kennenlernspiel vorgeschlagen wird. Dass Spiele wie Kofferpacken trotzdem noch immer häufig gespielt werden, liegt daran, dass sie einfach gut funktionieren. Trotzdem ist es natürlich wichtig, dass Sie eine Methode zum Kennenlernen auswählen, mit der Sie sich auch selbst anfreunden können. Gerade spielerische Methoden sind für viele Menschen ungewohnt, weil wir dafür das bekannte Vorgehen verlassen und uns auf etwas Neues einlassen müssen. Das fällt vielen schwer.

Fordern Sie die Eltern grundsätzlich nie zu etwas auf, was Sie nicht auch selbst tun würden. Aber seien Sie auch nicht zu ängstlich – schließlich wollen Sie Ihrem Elternabend ja neues Leben verleihen. Vielleicht überraschen Sie sich und „Ihre" Eltern ja dabei selbst, und alle haben richtig Spaß an den „Kindereien". Kennenlernspiele können die Atmosphäre nämlich auflockern und allen Beteiligten viel Spaß machen. Auf den nächsten Seiten finden Sie einige Anregungen dazu.

Neues wagen!

Wenn Sie gerne ein Kennenlernspiel ausprobieren möchten, sich aber nicht sicher sind, ob die Eltern „mitziehen", können Sie das so mitteilen. Setzen Sie den Anwesenden die neue Methode nicht einfach vor, sondern laden Sie sie ein, gemeinsam mit Ihnen etwas Neues auszuprobieren – einfach mal so. Ein solches Vorgehen empfiehlt sich für Elternschaften, die Sie bereits etwas besser kennen. Auch wenn bereits einige Elternabende gelaufen sind – ein intensiveres Kennenlernen kommt gerade jetzt gut an.

4 Die sechs Phasen des Elternabends

Wer sich kennt, arbeitet besser zusammen

Noch aus einem anderen Grund gehört zumindest eine Vorstellungsrunde (Namensschilder nicht vergessen!) zum Elternabend: Wer sich kennt, der arbeitet besser zusammen und traut sich eher eine Wortmeldung zu. Erst wenn die Teilnehmer des Elternabends sich kennengelernt haben und sich als Teil einer Gruppe begreifen, werden sie bereit sein, sich zu öffnen und ihre Ideen und Vorschläge einzubringen. Gerade wenn Eltern unterschiedlicher Nationalitäten und/oder unterschiedlicher Bildungsniveaus anwesend sind, kann ein spielerisches Kennenlernen gar nicht wichtig genug sein!

Methoden fürs Vorstellen und Kennenlernen

Selber mitmachen – selbstverständlich!

Natürlich nehmen Sie an allen Vorstellrunden ebenfalls teil! Drücken Sie sich nicht mit der Begründung: „Mich kennen Sie ja ohnehin bereits". Wenn Sie von den Eltern erwarten, sich zu öffnen, dürfen Sie sich nicht selbst ausnehmen. Am besten beginnen Sie mit dem ersten Einsatz der Methode, so wissen die Eltern auch, was von ihnen erwartet wird.

Blitzlicht

Sie brauchen: die Tafel, ein Flipchart oder ein Plakat, um den Impulssatz aufzuschreiben. Eine Blitzlichtrunde passt immer und muss auch nicht mit dem Lernen von Namen verknüpft sein. Sie eignet sich auch, um einfach am Veranstaltungsort „anzukommen", dann einfach die Fragen entsprechend formulieren.

Und so geht's: Das Blitzlicht gehört zu den Klassikern der Vorstellspiele. Es handelt sich um eine erweiterte Vorstellrunde und lässt sich auch in großen Runden schnell durchführen. Machen Sie aber gleich deutlich, dass die Elternbeiträge tatsächlich die Form eines kurzen Blitzlichts haben sollen und sich nicht zum Flutlicht ausweiten. Der Reihe nach stellt sich jeder Teilnehmer namentlich vor, beantwortet kurz eine Frage oder nimmt Stellung zu einem Impulssatz. Es macht Sinn, die Fragen auf Tafel, Flipchart o. Ä. zu visualisieren, z.B.:

Die sechs Phasen
des Elternabends

4

Mein Name und
- → ... der meines Kindes.
- → ... was mein Kind heute von der Schule erzählt hat.
- → ... was meinem Kind am besten in der Schule gefällt.
- → ... was mir auf dem Weg hierher durch den Kopf gegangen ist.

Die Reihenfolge, in der sich die Eltern vorstellen, muss nicht unbedingt im Kreis herum gehen. Sie können auch einen Ball o. Ä. von Teilnehmer zu Teilnehmer werfen oder kullern lassen. Das bringt Bewegung in die Runde und sorgt für Lacher, weil immer wieder Probleme beim Werfen oder Fangen auftreten.

Tipp:

Viele Menschen finden es leichter, zu reden, wenn sie dabei einen Gegenstand in den Händen halten. Auch deshalb eignet sich ein Ball oder anderer Gegenstand gut als „Redestein".

Blitzlicht mit Gegenständen

Sie brauchen: Gegenstände aus der Freiarbeit, Bastelmaterial, kleine Naturmaterialien, wie Muscheln, Steine, Spielsachen o. Ä.
Hierbei lernen sich Eltern kennen und erfahren etwas über ihre Kinder – am besten geeignet für neu zusammengesetzte Klassenelternschaften. Braucht etwas Zeit!

Und so geht's: Die Gegenstände werden auf dem Boden oder einem niedrigen Tisch in der Mitte des Stuhlkreises ausgelegt. Beim Ankommen sehen die Eltern sie bereits. Nachdem alle eingetroffen sind, fordert der Lehrer oder Elternvertreter nach einer kurzen Begrüßung alle auf, sich einen Gegenstand auszuwählen, der das eigene Kind charakterisiert. Anhand dieser Gegenstände erfolgt dann die Vorstellungsrunde. Alternativ können Sie auch Selbstporträts der Kinder bzw. Bilder, die die Kinder von ihrer Familie gemalt haben, auslegen und diese als Impulsgeber für die Vorstellungsrunde nutzen.

Variante: Als Gegenstände bieten sich auch ungewöhnliche oder überraschende Dinge an. Greifen Sie dabei auf eigene Sammlungen zurück, oder decken Sie sich in einem Ein-Euro-Shop ein. Bei der Vorstellungsrunde soll sich jeder etwas aussuchen und zu sich in Beziehung setzen („*Ich habe mir* diese Miniatur-Vase ausgesucht, weil ich Blumen liebe", „Ich habe gleich nach dem Maßband gegriffen, denn in unserer Familie bin ich die Handwerkerin").

Namen-Scrabble

Sie brauchen: DIN-A6-Papier (vorher zuschneiden oder Moderationskarten halbieren) in ausreichender Menge, dicke Filzstifte, genug Platz z.B. im Zentrum des Stuhlkreises

Es handelt sich um ein Namensspiel, sollte also zu Beginn der gemeinsamen „Schullaufbahn" durchgeführt werden. Da auch Erwartungen an den Abend abgefragt werden, lässt es sich durchaus auch noch in Klasse 2 und 3 spielen.

Und so geht's: Alle Anwesenden schreiben die Buchstaben ihres Namens auf einzelne Zettel (große Druckbuchstaben!). Die Leitung (Lehrer oder Elternvertreter) beginnt und legt ihren Namen auf dem Boden aus.

Dann legen alle Eltern ihre Namen an – und zwar so, dass alle Kombinationen sichtbar sind. Dabei kommen alle in Bewegung und in Kontakt miteinander. Wenn das Scrabble vollständig ist und alle wieder sitzen, zeigt die Leitung auf ihren Namen und sagt: „Ich bin Frau Meier. Von heute Abend erwarte ich mir, dass … Nun suche ich Herrn oder Frau Ewald und bitte Sie, sich kurz vorzustellen und uns Ihre Erwartungen an den heutigen Elternabend mitzuteilen." (gesucht wird immer jemand, der über die Buchstaben mit dem eigenen Namen verknüpft ist).

Namensschilder ziehen

Sie brauchen: Vorbereitete Pappschilder mit den Namen der Kinder auf eine Holz-Wäscheklammer geklebt (evtl. im Unterricht anfertigen), Korb oder Schale Das Spiel eignet sich gut für den ersten Elternabend und geht schnell.

Und so geht's: Legen Sie alle Namensschilder in den Korb. Bitten Sie die Eltern beim Ankommen, nicht gleich Platz zu nehmen. Wenn alle da sind, darf nacheinander pro Kind jeder Elternteil einen Namen ziehen. Derjenige liest den Namen vor und gibt das Schild dann an die entsprechenden Eltern. Diese setzen sich dann auf den Platz ihres Kindes (wo, zeigt die Leitung).

Die sechs Phasen
des Elternabends

4

ABC-Spiel

Sie brauchen: Papier und Stifte (bereitlegen, falls jemand keine eigenen Schreibunterlagen dabeihat)

Dieses Spiel eignet sich gut für den ersten Elternabend, ist aber nicht geeignet, wenn viele Eltern Sprachprobleme haben.

Und so geht's: Bitten Sie die Eltern, den Namen ihres Kindes senkrecht auf ein Blatt Papier zu schreiben. Nun sollen positive Eigenschaften des Kindes gefunden werden, und zwar für jeden Buchstaben eine (bei sehr langen Namen sind Abkürzungen zulässig!). Anschließend stellen sich die Eltern der Reihe nach vor und lesen vor, was ihnen eingefallen ist. Für Malte könnte das so aussehen:

M utig
A benteurlustig
L ernbegierig
T ierlieb
E hrlich

Speed-Dating

Sie brauchen: ausreichend Stühle, in zwei Reihen jeweils gegenüberstehend angeordnet, evtl. Tische längs dazwischenstellen, evtl. Deko (Kerzen, Blumen, Servietten), Glocke, Klingel oder ein anderes akustisches Signal

Dieses Spiel eignet sich gut zum Kennenlernen, auch für den zweiten gemeinsamen Elternabend.

Und so geht's: Bitten Sie die Eltern, jeweils gegenüber Platz zu nehmen und kündigen Sie an, dass wie beim „echten" Speed-Dating nun je 60 Sekunden Zeit sind, sich gegenseitig vorzustellen und einige wichtige Informationen vom anderen in Erfahrung zu bringen. Geben Sie, wenn nötig, Anregungen für das Gespräch (Namen, Interessen des Kindes, was gefällt dem Kind in der Schule). Nach 60 Sekunden geben Sie ein akustisches Signal, und die Eltern rücken jeweils einen Platz weiter. Führen Sie das Speed-Dating so lange durch, bis alle auf ihrem ursprünglichen Platz angekommen sind. Sagen Sie alternativ vorher an, dass nach 15 Minuten Schluss ist, und im Anschluss weitere Möglichkeiten zum Kennenlernen bestehen.

4 Die sechs Phasen des Elternabends

> **Kennenlernen outsourcen**
>
> Kennenlernen finden Sie (und die Eltern) wichtig, aber Spiele will keiner? Das absolute Minimum sind dann vorbereitete Namenskarten beim Elternabend. Für ein entspanntes Kennenlernen ohne Spielerei könnte ersatzweise eine Extra-Veranstaltung geplant werden. Wie wäre es mit einem „Kennenlern-Fest" oder einem „Schuljahresanfangs-Grillen"? In diesem Rahmen freuen sich dann vielleicht doch einige über die Spiele, die beim Elternabend als zu kindisch oder zu zeitaufwändig wahrgenommen würden.

Phase 2: Anwärmen und im Thema ankommen

„Für Spielchen habe ich beim Elternabend keine Zeit."

Kennen Sie diese Aussage? Viele Lehrer ziehen Elternabende nach der „0-8-15-Methode" durch, weil sie glauben, damit den Erwartungen der Eltern zu entsprechen. Dabei gehört gerade der Einstieg zu den wichtigsten Phasen des Elternabends. Jetzt setzen Sie den Akzent, der darüber entscheidet, ob sich die Anwesenden zurücklehnen und nur konsumieren, oder ob sie sich als Verantwortliche erleben (dürfen) und bereit sind, sich einzubringen und mitzuarbeiten.

Der gelungene Einstieg in eine Veranstaltung wird auch „Eisbrecher" genannt. Dieses Bild verdeutlicht gut den Sinn der Übung: Das anfänglich vorhandene „Eis", eine gewisse Starre, die zu großen Teilen aus Unsicherheit resultiert, wird durchbrochen. Danach kann das Schiff Fahrt aufnehmen und mit etwas Glück ganz neue Ufer erreichen.

Die sechs Phasen
des Elternabends

4

Ein Einstieg mit Gefühl, mit Witz, Überraschung oder einem „Aha"-Erlebnis liegt in Ihrem ureigenen Interesse. Eisbrecher …
→ sorgen für eine positive Lernatmosphäre,
→ wecken das Interesse,
→ sprechen Gefühle an,
→ führen zum Thema hin,
→ sind praxisorientiert, nicht theoretisch,
→ klären Erwartungen der Teilnehmer,
→ aktivieren die Teilnehmer.

Praxistipp:

„Ich sammle anfangs Elternfragen – wobei ich darum bitte, dass jeder, der etwas sagt oder fragt, sich bzw. sein Kind kurz vorstellt. Dann stelle ich meinen Unterricht vor und das, was die Kinder in der letzten Zeit gemacht haben, und baue dabei Antworten auf die Elternfragen ein."

Dauert das nicht zu lange?

Länger als zwei Stunden sollte der Elternabend auf keinen Fall dauern. Deshalb müssen die einführenden Elemente kurz und zielgerichtet sein. Eisbrecher sind aber keine „Spielchen", sie gehören schon zum inhaltlichen Teil. Eine intensive Kennenlernrunde kann aber diesen Einstieg ersetzen. Umgekehrt können Sie die Zeit, die Sie durch eine ganz kurze Namens- oder Befindlichkeitsrunde („Wie ich heute Abend hier ankomme") sparen, für den Einstieg nutzen. Stimmen Sie den Eisbrecher also immer inhaltlich auf einen Inhalt des Elternabends ab. Wichtig ist weiterhin, dass Eisbrecher
→ zu den Teilnehmern passen,
→ alle Anwesenden ansprechen bzw. zu Wort kommen lassen,
→ die Sinne ansprechen,
→ Spaß machen und keinen Stress verursachen.

4 Die sechs Phasen des Elternabends

 9

Idee: Einstieg zum Thema „Lernschwierigkeiten" und/oder „Noten"

Für einen guten Einstieg brauchen Sie nicht viel Zeit. Steigen Sie z.B. in einen Elternabend mit diesem Blatt Papier ein und fragen, was die Eltern darauf sehen. Die allermeisten werden antworten: einen schwarzen Punkt. Erklären Sie, dass der Punkt zwar da ist, dass aber der überwiegende Teil der Fläche weiß ist. Die schwarze Farbe nimmt nur einen Bruchteil der Fläche ein, wird aber als Einziges wahrgenommen. So ist es oft mit Schwierigkeiten, die Eltern an ihren Kindern wahrnehmen. Gesehen wird allein der schwarze Punkt, während das viele Weiß drumherum ausgeblendet wird.[10]

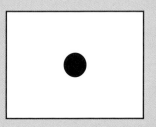

Einsteigen mit Übungen und Lernmaterial

Tolle Einsteiger für den Elternabend, die nicht viel Zeit in Anspruch nehmen, sind alle Übungen, die den Eltern praktisch vermitteln, was ihre Kinder im Unterricht erleben und welche Herausforderungen dabei auf sie zukommen können. Dazu gehören zum einen sämtliche Bücher, Arbeitshefte, Materialien. Warum nicht mal eine Seite aus dem Schreib- oder Rechenarbeitsheft kopieren und zu Beginn gemeinsam ausfüllen? Um den Eltern Erfahrungen zu ermöglichen, die das Empfinden der Kinder verdeutlichen, sind praktische Übungen ideal, die auf die Fähigkeiten der Eltern abgestimmt sind.

Einstieg: Schreiben lernen

Wie schwierig es ist, mit den Buchstaben ein komplexes Zeichensystem zu erlernen, können Eltern nur schwer nachempfinden. Es geht ihnen dabei ähnlich wie jedem Autofahrer, der sich kaum daran erinnert, wie viele Eindrücke bei der ersten Fahrstunde zu verarbeiten waren und wie schwierig es war, alles zu koordinieren.

Die sechs Phasen des Elternabends

Um Eltern erleben zu lassen, dass Lesen lernen nicht einfach ist, eignet sich eine verfremdete Anlauttabelle. Dazu wird die übliche Anlauttabelle mit Fantasiezeichen verfremdet oder ein anderes, den Eltern unbekanntes Zeichensystem[11], eingesetzt. Verwendet werden sie so:

→ Eltern erhalten die verfremdete Tabelle, und sollen mit ihrer Hilfe einen Satz schreiben
→ Die Lehrkraft bereitet Namenskarten in der verfremdeten Form vor und stellt sie an die Plätze. Die Eltern sollen nun mit Hilfe der verfremdeten Tabelle den Namen ihres Kindes suchen und dort Platz nehmen.
→ Ein Zitat o. Ä. wird verfremdet an die Tafel geschrieben, und die Eltern sollen es „übersetzen".
→ Zum Schluss jeweils kurz die Gefühle/Reaktionen abfragen („*Wie ging es Ihnen mit dieser Aufgabe?*").

Eine Anlauttabelle ist vielen Eltern unbekannt. Sie erleichtert aber das Verständnis für Ihre Methoden, deshalb unbedingt beim Elternabend verteilen.

4 Die sechs Phasen des Elternabends

Einstieg: Auge-Hand-Koordination 10

Aller Anfang ist schwer. Die folgende Übung vermittelt den Eltern nicht nur, wie schwer es sein kann, die Hand so zu lenken, wie es das Gehirn gern hätte. Eltern erleben auch das Gefühl von Frustration und vielleicht sogar Zorn, wenn die Hand nicht so will, wie der Kopf es doch vorgibt.

Zwischen den beiden Konturlinien sollen die Eltern ihre Linie ziehen. Wenn der Stern nur im Spiegel gesehen wird, ist das schwieriger, als manche denken[12].

Und so geht's: Je zwei Eltern erhalten eine Kopie des Sterns, einen rechteckigen Spiegel und zwei verschiedenfarbige Stifte. Jede Person soll nun innerhalb der beiden Begrenzungslinien eine farbige Linie ziehen. Allerdings darf derjenige, der zeichnet, den Stern nur im Spiegel sehen, den das Gegenüber hält. Es macht Sinn, im Anschluss abzufragen, wie die Eltern mit der Aufgabe klargekommen sind. Thematisiert werden kann neben den lustigen Aspekten (der Stift geht genau in die falsche Richtung etc.) auch das Gefühl von Ärger, Hilflosigkeit oder Wut. Darüber wird Verständnis für die Situation der Kinder erreicht.

Einstieg: Rechenkette

Arbeiten Sie auch mit Rechenketten? Als Einstieg ins Addieren sind sie für Erstklässler gut geeignet. Warum nicht die Eltern hier einbeziehen? Gebraucht werden ausreichend Perlen und Schnur (Klassenkasse, evtl. vorschießen), die von den Eltern zu Beginn des Elternabend aufgefädelt werden. Für die Kinder ist das eine tolle Hilfe, und anhand der fertigen Ketten lässt sich das Arbeiten damit gleich ganz „greifbar" erläutern.

Auch weitere selbstgemachte Lernmaterialien, wie Dominos, Memorys etc., müssen nicht die Lehrer oder Kinder herstellen. Viele Eltern, gerade auch Nicht-Muttersprachler, begrüßen die Möglichkeit, konkret mitzuhelfen. Für Materialien, die zu arbeitsintensiv für den Elternabend sind, kann auch ein Bastelnachmittag angeboten werden. Zum Ende des Schuljahres dürfen die Kinder ihre Materialien dann selbstverständlich mit nach Hause nehmen.

Die sechs Phasen des Elternabends

Einstieg mit einem Ritual

Nichts interessiert Eltern so wie das eigene Kind. Einen gelungenen Einstieg in jeden Elternabend stellen darum alle Rituale und andere wiederkehrende Elemente dar, die den Schulalltag strukturieren. Starten Sie den Tag in Ihrer 1. Klasse mit einem Sitzkreis? Dann könnte der Elternabend genau so beginnen. Fordern Sie die Eltern auf, kurz Platz zu nehmen, erläutern Sie das Vorgehen, und führen Sie den Morgenkreis einmal durch.

Oder haben Sie kürzlich Geburtstag gefeiert? Auch dieses Ritual eignet sich in abgekürzter Form für den Beginn. Am besten, Sie steigen gleich ein, ohne erst viel zu erklären. Z.B. so: *„Herzlich willkommen zu unserem Elternabend. Bevor wir ins Thema einsteigen, möchte ich Ihnen zeigen, was Ihre Kinder hier vor einigen Tagen erlebt haben. Wer hatte denn von Ihnen in den letzten Tagen oder Wochen Geburtstag? Dann dürfen Sie jetzt unser Geburtstagskind sein und sich hier hinsetzen."*.

Fallen Ihnen noch andere Rituale ein? Auch gemeinsame Begrüßungs- oder Abschiedslieder, das Aufräumen der Freiarbeitsmaterialien, Kreisspiele und vieles mehr eignen sich. Meist lassen sich diese kurzen Einlagen in wenigen Minuten durchführen. Ihr **Vorteil:** Die Eltern haben sich schon einmal bewegt, geben ihre passive Konsumentenhaltung auf und sind in der Regel gut gelaunt – exzellente Voraussetzungen für einen guten weiteren Verlauf.

Auch akustische Signale, die im Unterricht verwendet werden, können Sie beim Elternabend einsetzen.

Einstieg mit Bildern

Sicher kennen Sie die Redewendung „Ein Bild sagt mehr als 1000 Worte." Auch wenn es gewiss einige Sachverhalte gibt, die sich besser in Worten ausdrücken lassen – in den meisten Fällen trifft die Redewendung exakt zu. Bilder können komplexe Informationen auf vielschichtige Weise transportieren, und sie sprechen uns direkt und unvermittelt an.

Die sechs Phasen des Elternabends

Und noch etwas kommt dazu: Menschen schenken Bildern einfach viel mehr Beachtung als Texten. Diese Wirkung wird noch verstärkt, wenn Sie mit Bildern arbeiten, die Kinder in Aktion zeigen. Am interessantesten ist für alle Eltern schließlich ihr eigenes Kind und alles, was es während der Stunden in der Schule erlebt, erforscht und entdeckt.

Fast jedes beliebige Thema, um das es bei einem Elternabend geht, können Sie im Vorfeld mit Fotos illustrieren. Fotografieren Sie z.B. Kinder bei der Freiarbeit, beim Turnen, beim Lernen an Stationen oder bei anderen Aktivitäten. Lassen Sie Abzüge anfertigen, und legen Sie diese blütenförmig in die Mitte des Stuhlkreises oder auf einige zusammengeschobene Tische. Je größer die Fotos sind, desto schöner, es reichen aber auch die üblichen 9 x 12 Zentimeter-Abzüge. Sie werden beobachten, wie die Eltern schon beim Hereinkommen auf die Bilder zusteuern und herumgehen, um jedes einzelne zu betrachten. Wenn sie wie beschrieben ausgelegt sind, wird sich aber niemand eines nehmen, höchstens kurz hochheben, dann wieder zurücklegen.

Als Vorstellrunde können Sie dann jeden Anwesenden auffordern, ein Bild mit seinem Kind zu nehmen und sich den anderen damit vorzustellen. Doch damit muss der Einsatz der Fotos nicht beendet sein: Kommen Sie bei Ihrem Einstieg ebenfalls auf die Bilder zu sprechen, z.B. so: *„Sie haben die Fotos ja schon in Augenschein genommen. Ich habe damit dokumentiert, was Ihre Kinder in den letzten Wochen im Sachunterricht erlebt haben. Den Anfang hat ein Besuch an unserem Feuerwehrteich gemacht. Frau Meier, zeigen Sie doch mal Ihr Bild, darauf ist das ganz toll zu sehen."* Während Ihrer weiteren Ausführungen können Sie jetzt immer wieder auf die Bilder verweisen. Selbstverständlich eignen sich auch andere Fotos, Anzeigen, Cartoons oder Postkarten für den Einstieg mit Bildern. Fordern Sie z.B. beim Thema Ernährung die Eltern auf, Abbildungen von Lebensmitteln oder Getränken entsprechend ihrem Zuckergehalt zu sortieren. Oder legen Sie Bilder von Tierspuren, Blättern oder Bäumen aus, wenn es um den anstehenden Besuch im Wald geht.

Achtung:

Wenn Bilder aus dem Schulalltag eingesetzt werden, sollten Sie die Kinder möglichst gleichmäßig abbilden. Vermeiden Sie es, einzelne Kinder immer wieder abzulichten, bzw. sortieren Sie entsprechende Bilder aus. Selbstverständlich ist, dass niemand auf einem Bild bloßgestellt oder lächerlich gemacht wird.

Tipp:

Auch im weiteren Verlauf des Elternabends lassen sich die Fotos immer wieder kreativ einsetzen, um Eltern zu aktivieren und den persönlichen Bezug herzustellen. Fordern Sie z.B. nach der Begrüßungsrunde die Eltern auf, ihr Foto an eine vorbereitete Pinnwand zu hängen, und machen Sie anhand der entstehenden Collage deutlich, was ihr Projekt, Thema, Anliegen auszeichnet. Oder bieten Sie an, das Foto als Geschenk mit nach Hause zu nehmen.

Übrigens:

Oft reicht ein einziges Bild für den Einstieg! Das menschliche Gehirn ergänzt Zusammenhänge auch dort, wo sie nicht erkennbar sind. Deshalb können Sie ein Kindergesicht zeigen und dazu fragen *„Dieses Kind erhält gleich sein Zeugnis. Was glauben Sie, was ihm jetzt durch den Kopf geht?"*. Die Eltern werden automatisch ihre eigenen Emotionen auf das Foto projizieren. Wenn Sie kurz nachdenken, fallen Ihnen sicher viele Motive ein, die als Gesprächsöffner für unterschiedlichste Themen geeignet sind.[13] Bei nur einem Bild sollte die Bildgröße allerdings so sein, dass alle Eltern das Motiv von ihrem Sitzplatz aus gut erkennen können.

Einsteigen mit der „Wäscheleine"

Die „Wäscheleine" ist ein Klassiker, wenn es um den Einstieg mit Bildern geht. Statt Bilder auf dem Boden zu verteilen, werden sie auf einer Schnur aufgehängt, die Sie kreuz und quer durch den Raum spannen. Schon beim Betreten sorgen die bunten Bilder, die mit Wäscheklammern an der Schnur aufgehängt sind, für einen tollen Hingucker und Kommunikationsanlass für die Eltern. Noch plakativer wirken Bilder übrigens, wenn sie zuvor auf farbigen Tonkarton geklebt und laminiert werden. Welche Art von Bildern Sie aufhängen, entscheidet das Thema – von Nahrungsmitteln (Stichwort: Gesunde Ernährung) über Cartoon-Figuren (Stichwort: Medienkonsum) bis zu Arbeitsblättern aus dem Unterricht bzw. Auszügen daraus ist alles denkbar.

4 Die sechs Phasen des Elternabends

An der Leine hängen Figuren aus Film und Fernsehen. Welche kennen die Eltern? Welche gefällt ihrem Kind? Welche Eigenschaften haben Batman und Co., die Kinder bewundern?

Nachdem alle Eltern angekommen sind und kurz begrüßt wurden, bitten Sie nun alle Anwesenden, herumzugehen und sich die Bilder bewusst anzuschauen. Jeder darf sich ein Bild aussuchen, das ihn anspricht. Um eine gute Wahlmöglichkeit sicherzustellen, sollten etwa doppelt so viele Bilder wie Personen zur Verfügung stehen. Zurück am Platz werden die Bilder kommentiert oder bearbeitet. Bei Medienhelden könnten die Eltern etwa Figuren aus ihrer eigenen Jugend finden, die sie an ihre ersten Erlebnisse mit dem Medium Fernsehen erinnern. Beim Thema Ernährung könnten unterschiedliche Gerichte von Currywurst bis Obstsalat für einen Einstieg sorgen. Hängen groß kopierte Schulaufgaben an der Leine, kann im nächsten Schritt erläutert werden, welche Inhalte auf die Kinder zukommen und worauf Sie bei der Bearbeitung Wert legen. Achten Sie darauf, dass alle zu Wort kommen. Wenn Eltern wie hier eine Wahl treffen, ist es wichtig, dass Sie auch kurz etwas dazu sagen können oder sich weiter mit dem Material beschäftigen.

Abwandlung: „Zitatenleine":
Die Wäscheleine funktioniert auch mit Worten! Hängen Sie z.B. groß kopierte Zitate an die Leine, und fordern Sie die Eltern auf, herumzugehen und ihren „Favoriten" mit einem farbigen Klebepunkt zu markieren! In wenigen Minuten erreichen Sie damit ein übersichtliches Stimmungsbild, führen ins Thema ein und geben den Eltern die Möglichkeit, sich zu äußern.

An der Leine können auch Zitate und vieles mehr hängen. Bereits die ungewöhnliche Präsentation lockert auf und bringt die Eltern in Bewegung.

> Die sechs Phasen
> des Elternabends

Idee:

> Die Wäscheleine eignet sich auch hervorragend für Präsentationen. Warum nicht einmal Kunstwerke der Kinder, Gebasteltes (kleinere Objekte können gut aufgehängt werden) oder Fotos von der Projektarbeit auf diese Weise präsentieren? Das erregt deutlich mehr Aufmerksamkeit als die herkömmliche Präsentation an der Wand.

Einstieg mit einer Diashow

Bewegte Bilder faszinieren. Kaum ein Vater oder eine Mutter kann sich dem Reiz einer Diashow entziehen, die Motive aus dem Schulalltag oder von bestimmten Projekten zeigt. Das Schöne ist, dass eine solche Diashow sich innerhalb kürzester Zeit realisieren lässt. Mit einer herkömmlichen Digitalkamera machen Sie qualitativ überzeugende Bilder. Auf Rechner oder Notebook übertragen, können Sie die Motive auswählen und mit wenigen Tastenklicks in eine Diashow umwandeln. Übertragen werden die Bilder entweder auf dem Monitor Ihres Notebooks, das Sie auf einem Tisch im Veranstaltungsraum platzieren. Noch überzeugender wirkt die Präsentation mit dem Beamer oder, falls vorhanden, am interaktiven Whiteboard.

Die ausgewählten Bilder können beim Ankommen in einer Endlosschleife gezeigt werden. Damit das nicht schnell langweilig wird, benötigen Sie eine Mindestanzahl von etwa 25 oder mehr Bildern. Um später Stress zu vermeiden und den Kopf für anderes freizuhaben (Begrüßung!), starten Sie Ihre Diashow bereits einige Minuten vor dem offiziellen Beginn des Elternabends und lassen sie während der gesamten Ankommphase laufen. Beendet wird sie unmittelbar, bevor Sie begrüßen. So können die Eltern in der Phase des Ankommens die Bilder betrachten.

Auch als Einstieg in Ihr Thema ist die Diashow unschlagbar. Sie …
- ➜ braucht wenig Zeit in Vorbereitung und Ablauf,
- ➜ sorgt für höchste Aufmerksamkeit,
- ➜ vermittelt Informationen direkt und ohne viele Worte und
- ➜ stimmt die Eltern positiv ein.

Auch hier gilt: Am besten ohne viele Worte mit der Präsentation beginnen und erst im Anschluss mit einigen prägnanten Informationen (evtl. auch als Handout) ergänzen.

4 Die sechs Phasen des Elternabends

Einstieg mit einer Geschichte

Alle Eltern sind inzwischen angekommen. Einige sitzen bereits, andere unterhalten sich in kleinen Gruppen. Da setzt sich der Lehrer ebenfalls, bittet alle, Platz zu nehmen, und beginnt:

„Heute Morgen hatte ich ein ganz besonderes Erlebnis. Als ich gerade in die Schule kam, begegnete mir ein Kind aus unserer Klasse. Es war ganz aufgeregt und wollte mir unbedingt etwas zeigen. Eigentlich hatte ich in dem Moment gar keine Zeit, aber es war klar, dass es hier um etwas Wichtiges ging, das keinen Aufschub erlaubte. Also ging ich, noch im Mantel, mit in den Klassenraum. Sie werden nicht glauben, was ich da zu sehen bekam ..."

Wüssten Sie auch gern, wie es weiterging? Statt einer ganz normalen Begrüßung steht hier am Anfang etwas Ungewohntes – eine Anekdote. Überraschend und spannend wird sie nicht zuletzt, weil sie unsere Erwartungshaltung durchbricht. Sollte jetzt nicht die Begrüßung kommen? Das gegenseitige Vorstellen, die Tagesordnung? Ein kurzer Vortrag zum Thema?

Stattdessen: eine Geschichte, unerwartet und spannend. Wer so beginnt, fesselt die Aufmerksamkeit von Anfang an. Geschichten machen neugierig, wecken Emotionen und führen auf ungewohnten Wegen zum Thema. Weil sie Gefühle wecken und ansprechen, eignen sie sich auch gut, wenn Themen auf der Agenda stehen, bei denen unterschiedliche Meinungen aufeinandertreffen können. Bei der Auswahl einer Geschichte oder Anekdote können Sie sicher auf einen Fundus aus dem Schulalltag zurückgreifen. Gerade jüngere Kinder liefern oft schöne Zitate, die einen ganz unerwarteten Blick auf eigentlich Bekanntes werfen.

Tipp:

Legen Sie sich eine Sammlung an, und notieren Sie „Merkwürdiges" gleich im Anschluss an die Schulstunde. Andernfalls geraten auch die schönsten Sprüche schnell wieder in Vergessenheit.

Die sechs Phasen des Elternabends

Neben Geschichten und Anekdoten können auch Märchen oder Fabeln einen schönen Einstieg ermöglichen. Sie dürfen aber nicht zu lang sein, sonst schwindet die Aufmerksamkeit der Eltern. Eventuell können Sie daher auch nur Ausschnitte vorlesen, wenn die Märchen allen Anwesenden bekannt sind. Wofür welche Märchen im Einzelnen stehen, darüber wurde viel geschrieben[14]. Zur Anregung nur diese Beispiele:

- Frau Holle – Botschaft: Fleiß wird belohnt, Faulheit bestraft.
- Sterntaler – Botschaft: Wer teilt, wird belohnt.
- Das tapfere Schneiderlein – Botschaft: Wer optimistisch in die Welt schaut, meistert alle Hindernisse.
- Aschenputtel – Botschaft: Eine bejahende Einstellung zum Leben, trotz Hindernissen und Rückschlägen, zahlt sich am Ende aus.

Die folgende Geschichte eignet sich z.B. als Einstieg, wenn es um das Thema Lernen, Noten oder Übergang auf die weiterführende Schule geht:

Die Geschichte vom Bauern und seiner Frau

Ein Bauer betrachtete neidisch das Feld seines Nachbarn. Während seine eigenen Getreidepflänzchen nur langsam und mickrig wuchsen, strotzte das Feld des Nachbarn nur so vor Wachstum. Pflanzen von einem gesunden und frischen Grün reckten ihre Köpfe gen Himmel und schienen mit jedem Tag größer und kräftiger zu werden. Dabei hatte der Nachbar weder mehr Sonne noch mehr Wasser oder Dünger zur Verfügung. Auch der Boden war annähernd gleich. „Ich möchte zu gern wissen, warum seine Pflanzen so viel besser wachsen als unsere", sagte der Bauer zu seiner Frau. „Geh und frag ihn nach seinem Geheimnis." Das tat die Frau. Als sie zurückkam, erwartete der Bauer sie schon ungeduldig. „Was hast du erfahren?", fragte er. „Ganz einfach", sagte die Frau. „Unser Nachbar spricht an jedem Abend mit seinen Pflanzen. Er lobt sie für ihr Wachstum und sagt ihnen, wie lieb er sie hat." Das wollte der neidische Bauer nun auch tun. Jeden Abend ging er hinaus aufs Feld und sprach liebevoll mit seinen Pflanzen. Und tatsächlich – auch sie wuchsen schneller und schöner als je zuvor. Eines Abends kam der Bauer erst sehr spät

4 Die sechs Phasen des Elternabends

vom Feld zurück. Als er zur Tür eintrat, fragte seine Frau: "Guter Mann, wo bist du so lange gewesen?" "Oh, ich war nochmals bei meinen Pflanzen. Um noch reichere Ernte zu erlangen, habe ich heute ganz besonders lange mit ihnen gesprochen. Und, liebe Frau, ich habe jedem Pflänzchen noch ein bisschen wachsen geholfen." "Ja, wie hast du das denn gemacht?" "Ich habe an jedem ein kleines bisschen gezogen."

In diesem Jahr erntete er gar nichts.

Einen schönen Einstieg, für einen Elternabend, in dem (auch) Probleme angesprochen werden, bietet diese Geschichte:

Geschichte von der Zauberfee
(benötigtes Material: Teebeutel, Teller, Feuerzeug)

Es war einmal eine Fee, die lebte auf ihrem Planeten. Jeden Tag schaute sie zur Erde, sie wünschte sich nichts sehnlicher, als einmal die Erde besuchen zu können. Eines Tages war es so weit, sie baute sich eine Rakete für die Reise.
(Teebeutel auf einem Teller – stehend)

Doch ein kleiner Kobold war mit ihrem Vorhaben nicht einverstanden. So schlich sich der Kobold in der Nacht zur Rakete und riss ihr die Steuerung ab.
(Zettel vom Teebeutel abreißen)

Voll Begeisterung kicherte der Kobold: „Hi hi, du fliegst nirgendwo hin!" Als am nächsten Morgen die Fee ihre beschädigte Rakete sah, meinte sie nur: „Macht nichts, für jedes Problem gibt es eine Lösung."
Doch in der Nacht kam der Kobold wieder. Dieses Mal riss er die Zündschnur ab.
(Schnur vom Teebeutel entfernen)

Die sechs Phasen des Elternabends

Doch die Fee sagte nur: „Für jedes Problem gibt es eine Lösung!"
In der nächsten Nacht kam der Kobold wieder. Er leerte den Treibstoff aus und lief kichernd weg.
(Teebeutel öffnen, Klammer entfernen und Inhalt ausleeren. Den Beutel öffnen und als Röhre auf den Teller stellen)

Am nächsten Morgen sah die Fee, was geschehen war, und meinte wieder nur: „Für jedes Problem gibt es eine Lösung."
Doch in der darauffolgenden Nacht kam der Kobold wieder zurück und zündete die Rakete an. „Hi hi, dich lasse ich nicht fort!" kicherte er.
(Die Röhre oben anzünden – beginnt, in die Luft zu steigen)

Doch da, die Rakete startet. Die Fee ist auf ihrem Weg zur Erde.
Die Fee hatte Recht: Für jedes Problem gibt es eine Lösung!
(Die Rakete fliegt wirklich!)[15]

Einstieg mit Impulskarten

Einen schnellen Einstieg, der die Eltern gleich aktiv einbezieht und aus der Reserve lockt, erreichen Sie mit Impulskarten. Dazu wird eine Aussage oder ein Satzanfang gut sichtbar auf farbigen Karton geschrieben oder ausgedruckt und entweder in die Mitte des Stuhlkreises, an Flipchart oder Tafel gepinnt. Der Reihe nach vervollständigen die Eltern nun den Satz oder nehmen Stellung. Achtung: Wenn Fragen gesammelt werden, sollten Sie an der Tafel in Stichworten mitschreiben.
So ist gewährleistet, dass keine Frage unter den Tisch fällt und Eltern sich eventuell übergangen fühlen. Es ist sinnvoll, den Impulssatz der Reihe nach zu beantworten, damit auch wirklich alle Eltern etwas sagen. Andernfalls kommen nur die zu Wort, die ohnehin keine Probleme damit haben, vor anderen zu reden.

Typische Impulssätze lassen offene Antworten zu und können immer wieder eingesetzt werden.

4 Die sechs Phasen des Elternabends

Mögliche Wortkarten sind:
- „Vier Wochen Schule sind vorbei …"
- „Das möchte ich heute unbedingt erfahren …"
- „Wenn ich an … (z.B. die Klassenfahrt, das nächste Halbjahr, die Einführung von Noten etc.) denke, bin ich gespannt, ob … ."
- „Für dieses Schuljahr wünsche ich mir, dass …"

Tipp:

Laminieren Sie die Wortkarten, und verwenden Sie sie in der nächsten Klassenstufe erneut. So sparen Sie sich Vorbereitungszeit und ergänzen Ihren Materialfundus um ein tolles Element.

Die gleiche Methode lässt sich auch schriftlich umsetzen. In der Moderationsmethode ist sie als „Kartenfrage" bekannt. Der Vorteil: Auch Personen, die nicht gern vor anderen sprechen, können sich dabei äußern. Weniger gut geeignet ist das schriftliche Äußern dagegen, wenn viele Nicht-Muttersprachler in der Klassenelternschaft vertreten sind.

So geht's: Formulieren Sie eine Frage oder Aussage schriftlich an einer Pinnwand. Die Tafel ist hierfür weniger gut geeignet, weil später mit Nadeln oder Klebestift weitere Karten hinzukommen. Nun erhalten alle Eltern mehrere Moderationskarten und dicke Filzstifte und werden aufgefordert, ihre Antworten oder Assoziationen zu der Frage schriftlich auf Karten zu formulieren. Als Arbeitsanweisung geben Sie vor, dass pro Karte nur ein Gedanke aufgeschrieben wird und dass alle groß und gut leserlich in Druckbuchstaben schreiben sollen. Um eine Kartenflut zu vermeiden, empfiehlt es sich, nur 2–3 Karten pro Teilnehmer schreiben zu lassen. Bei 20 oder mehr Eltern dauert das Clustern sonst zu lange.

Nach kurzer Zeit sammeln Sie die Karten ein – in der Regel merken Sie nach einigen Minuten, dass die Schreibaktivität nachlässt. Nun werden alle Karten gut sichtbar angeheftet (lesen Sie jede Karte erst vor). Sortieren Sie die Karten nach zusammengehörigen Aussagen – dabei können auch die Eltern helfen. Fragen Sie z.B.: „Passt diese Aussage zu etwas, das bereits an der Pinnwand steht? Was meinen Sie?". So entstehen „Cluster", die Ihnen und den Eltern je nach Fragestellung aufzeigen, wo Informationsbedarf besteht, wo Eltern Schwerpunkte setzen und vieles mehr.

Gut geeignet ist die Methode immer dann, wenn viele Meinungen oder Impulse zusammengetragen werden sollen. Dazu gehören z.B. Planungen von Klassenfesten oder Klassenfahrten, aber auch das Sammeln von Fragen zu einem bestimmten Sachverhalt. Bitte denken Sie aber daran, dass die gesammelten Fragen, Vorschläge und Ideen im nächsten Schritt weiterbearbeitet werden müssen. Treffen Sie gemeinsam eine Gewichtung und Wertung der erarbeiteten Schwerpunkte, indem Sie die Eltern mit Klebepunkten abstimmen lassen. Dazu erhalten alle drei Klebepunkte und markieren damit ihre Favoriten. Die Arbeitsanweisung für diesen Schritt könnte z.B. lauten: *„Das ist mir jetzt besonders wichtig"*, *„Das sollten wir sofort anpacken"* oder *„Das liegt mir am Herzen"*.

Die konkrete Bearbeitung eines Themas erfolgt dann am besten in Kleingruppen von 4–6 Personen. Abschließend werden alle Ergebnisse im Plenum vorgestellt und diskutiert.

Einstieg mit Meinungskarten

Oft dauert es eine Weile, bis die Eltern bereit sind, mitzumachen und eigene Erfahrungen mit in die Themenbearbeitung einzubringen. Das ist ganz natürlich. Viele Menschen neigen dazu, in unbekannten Situationen erst einmal abzuwarten und sich bedeckt zu halten. Beim „anderen" Elternabend in der Grundschule ist aber nun genau das Gegenteil dieser Reaktion gefragt.
Bei den Teilnehmern soll durch Selbermachen, Selbst-Erleben und eigenes Erarbeiten eine innere Beteiligung hergestellt werden. Nur so werden Inhalte auch tatsächlich begriffen, werden Ergebnisse erarbeitet, hinter denen alle Beteiligten stehen und mit denen auch alle etwas anfangen können. Mit vorbereiteten Meinungskarten verkürzen Sie die abwartende Haltung zu Beginn des Elternabends, indem Sie den Eltern die Aufgabe abnehmen, sich zu äußern.

So geht's: Überlegen Sie sich Aussagen zu einem Thema des Abends, die von den Eltern stammen könnten. Je unterschiedlicher, desto besser. Versetzen Sie sich in mehrere Personen, und machen Sie aus deren Perspektive Aussagen. Das darf ruhig in der „Ich-Form" geschehen, umgangssprachlich oder in unvollständigen Sätzen stattfinden. Hauptsache, Ihre Aussagen sind verständlich. Pro Elternteil, der am Elternabend teilnehmen wird, sollten etwa 2–3 Karten (Aussagen dürfen auch doppelt auftauchen) zur Verfügung stehen.

4 Die sechs Phasen des Elternabends

Drucken Sie die Aussagen auf etwas dickeres Papier aus, und zerschneiden Sie jedes Blatt in einzelne Karten. Wählen Sie eine große, gut lesbare Schrift (Schriftgröße mindestens 24 Punkt). Schön ist es, wenn Sie verschiedene Schriftarten benutzen, dann sehen Ihre Karten nicht so gleichförmig aus und vermitteln eher den Eindruck, tatsächlich aus verschiedenen Quellen zu stammen.

Bevor der Elternabend beginnt, legen Sie alle Karten kreuz und quer im Inneren des Stuhlkreises auf dem Fußboden oder einem Tisch aus. Beim Ankommen sehen die ersten Teilnehmer selbstverständlich bereits Ihre Karten. Einige werden herumschlendern, die Aussagen lesen und sich eventuell mit anderen Müttern oder Vätern darüber unterhalten. Äußern Sie sich jetzt noch nicht dazu, was mit den Karten geschehen soll. Erst wenn die Eltern sitzen und Sie alle kurz begrüßt haben, bitten Sie jeden, sich eine Karte auszusuchen, die von ihr oder ihm stammen könnte: *„Stehen Sie jetzt bitte auf, gehen Sie um die Karten herum und lesen sich die Sätze durch. Dann wählen Sie bitte eine Aussage aus, die von Ihnen stammen könnte."* (Eltern wählen aus) *„Jetzt bitte ich jeden, der Reihe nach seine oder ihre Karte kurz vorzulesen und zu erzählen, warum Sie genau diese Karte ausgewählt haben. Danach können Sie Ihre Karte wieder zurücklegen."*

Mit dieser Methode führen Sie in das Thema ein und erreichen, dass die Teilnehmer über ihre persönliche Position dazu nachdenken. Außerdem geben Sie jedem die Möglichkeit, seine Meinung einzubringen, ohne Angst zu haben, etwas Falsches zu sagen. Schließlich stammen die Aussagen ja von Ihnen. Denkbar ist auch, die Kartenrunde mit dem Vorstellen zu verbinden. Fordern Sie dann einfach dazu auf, auch den Namen und den des dazugehörigen Kindes kurz zu nennen. Achten Sie darauf, dass einzelne Teilnehmer wirklich nur kurz sprechen und dass an dieser Stelle noch keine Diskussion ausbricht. Sicher werden einige Elternteile ihre Zustimmung äußern, wenn jemand anders eine Karte kommentiert, die er oder sie auch hätte wählen können. Erinnern Sie notfalls dezent an den Zeitrahmen: *„Danke für Ihre Ergänzung. Wir haben später noch Zeit, uns ausführlicher damit zu beschäftigen. Jetzt möchte ich aber zunächst Frau Klein bitten, ihre Karte vorzulesen".*

Das Ziel der Kartenrunde ist es, sich mit den Eltern dem Thema zu nähern und schon einmal sichtbar zu machen, welche Positionen und Ansichten es gibt. Im Anschluss folgt beispielsweise eine Input- oder Gruppenarbeitsphase, in der konkrete Informationen vermittelt werden.

Die sechs Phasen des Elternabends

Ein Beispiel „Wieder nur geglotzt?" 11, 12

Was und wie viel die Kinder im Fernsehen anschauen dürfen, gehört in der Grundschule zu den Fragen, die Eltern sehr beschäftigen[16]. Das hat die Umfrage nach einem der letzten Elternabende ergeben. Beim Elternabend soll es (auch) um das Thema Medienkonsum gehen. Die Einladung zum nächsten Elternabend steht deshalb unter dem Motto „Wieder nur geglotzt? Lernen und Fernsehen heute".

Sie stellen sich darauf ein, dass in der Elternschaft unterschiedliche Meinungen darüber vorhanden sind, wie viel Fernsehen akzeptabel ist. Natürlich haben Sie auch eine eigene Vorstellung, wollen aber den erhobenen Zeigefinger im Umgang mit den Eltern vermeiden. Als Ziel Ihrer Veranstaltung formulieren Sie für sich daher zunächst, dass Sie eine Diskussion darüber in Gang bringen möchten, wie viel Medienkonsum die Kinder ausgesetzt sein sollten. Sie wollen keine einheitlichen Regeln vorgeben, sondern vor allem erreichen, dass in den Familien über Medienkonsum nachgedacht wird und klar wird, wie einige Kinder darauf reagieren (können).

Für den Einstieg mit den Themenkarten formulieren Sie eine Vielzahl von Aussagen:

- → *„Früher hatten wir gar keinen Fernseher und haben uns auch gut unterhalten."*
- → *„Dabei lernen die Kinder auch viel."*
- → *„Neulich hat mich Felix gefragt, ob ich weiß, wie hoch der Eiffelturm ist. Das hat er bei Galileo gesehen."*
- → *„Wir setzen uns meistens mit den Kindern hin und schauen gemeinsam."*
- → *„Manchmal kriege ich einen Schreck, wenn ich hinschaue und sehe, was auf dem Bildschirm läuft."*
- → *„Fernsehen gehört eben zu unserem Leben dazu."*
- → *„Fernsehen verblödet."*
- → *„Es ist wichtig, dass mein Kind lernt, mit dem Fernsehen umzugehen."*
- → *„Wir sehen viel im KiKa."*
- → *„Die anderen sehen das auch, da will mein Kind mithalten."*
- → *„Ein eigener Fernseher kommt nicht ins Kinderzimmer."*
- → *„Bei den Großeltern dürfen die Kinder immer ganz lange fernsehen."*
- → *„Viele Sendungen sind wirklich lehrreich."*

4 Die sechs Phasen des Elternabends

Sicher fallen Ihnen noch viele andere Sätze ein. Bitte Sie alle Eltern, sich für eine Aussage zu entscheiden und kurz zu erläutern, warum. Nach Abschluss der Runde (planen Sie etwa 30 Minuten dafür ein), fordern Sie die Eltern auf, sich in Kleingruppen weiter über das Thema Medienkonsum auszutauschen. Oder Sie kündigen einen Input in Form eines Vortrags, eines Films oder einer PowerPoint-Präsentation an. Egal wofür Sie sich entscheiden – mit dem Einstieg über die Kartenfrage haben Sie für alle Teilnehmer schon einmal das Eis gebrochen und unterschiedliche Ansätze sichtbar gemacht.

Einstieg mit der ABC-Methode

(Fast) Ohne Vorbereitung und Material kommt die ABC-Methode für den Einstieg aus. Genutzt wird sie auch als Kreativitätsmethode, um neue Ideen zu entwickeln und eingefahrene Denkmuster zu durchbrechen. Für den Elternabend eignet sie sich aber ebenso gut.

So geht's: Schreiben Sie die Buchstaben des Alphabets untereinander an die Tafel oder auf einen großen Bogen Moderationspapier an der Wand. Als Überschrift dient eine Frage, zu der Sie gemeinsam mit den Eltern Ideen, Assoziationen etc. sammeln möchten. Z.B.: *„In den nächsten vier Jahren wünsche ich mir für mein Kind … ."* oder *„Das soll die Schule vermitteln: …"* oder *„Die Klassenfahrt steht an, das gehört dazu …"*.

Im Plenum sammeln Sie dann zu jedem Buchstaben des Alphabets Ideen. Keine Sorge, wenn der Beginn etwas stockend läuft. Geben Sie ein oder zwei Ideen vor, dann kommen die Eltern sicher auch in Gang. Alternativ können Sie auch Arbeitsblätter mit dem ABC ausgeben und die Eltern bitten, diese für sich oder zu zweit auszufüllen. Danach sammeln Sie dann im Plenum („Wer hat eine Idee für das A?"). In der Regel haben alle Beteiligten viel Spaß mit dieser Methode, weil sie zu ungewöhnlichen Gedankengängen anregt. Nicht zuletzt eignet sie sich daher auch gut, um anstehende Ereignisse, wie eine Klassenfahrt, einen Ausflug oder ein Fest, zu planen und zu besprechen.

Phase 3: Informationen vermitteln

„An einen guten Vortrag erinnert man sich nicht immer, einen schlechten vergisst man nie."

Ihre Einladung kam rechtzeitig bei den Eltern an, viele sind erschienen. Die freundliche Begrüßung, ein Materialtisch und die Diashow haben gleich zu Beginn einen guten Akzent gesetzt. Nach einer kurzen Begrüßungsrunde oder einem thematischen Eisbrecher wollen Sie jetzt zur Sache kommen und über die Punkte Ihrer Tagesordnung oder den Inhalt Ihres thematischen Elternabends sprechen. Dafür eignet sich in erster Linie ein Instrument: der gute, alte Vortrag.

Ob „ganz normaler" Elternabend oder themengebundene Veranstaltung – beim Elternabend geht es immer wieder darum, die Eltern verständlich und nachvollziehbar über unterschiedliche Inhalte zu informieren. Während viele Lehrer das gern in einem Vortrag erledigen, graut vielen Eltern beim Gedanken daran, zwei Stunden auf kleinen Stühlen zu sitzen und dem Klassenlehrer zuzuhören.

Warum das so ist? Das schlechte Image, unter dem der Frontalvortrag leidet, ist eine Folge der leidvollen Erfahrungen, die viele Menschen (Sie vielleicht auch?) damit gemacht haben. Zu lang, zu langweilig, zu unstrukturiert, zu unverständlich, ohne Witz, ohne Visualisierung, ohne Methodenwechsel, kurz: ein Albtraum.

Dabei hat die **Methode Frontalvortrag** eindeutige Vorteile:

1. Es gibt keine andere Möglichkeit, in so kurzer Zeit so viel an Information zu vermitteln.
2. Im Vortrag geben Sie den Informationen eine nachvollziehbare Struktur – das macht sie merkbar für Ihre Zuhörer.
3. Richtig gehalten, kann ein Vortrag begeistern und motivieren.
4. Vorträge lassen sich relativ schnell vorbereiten.
5. Es wird kein oder nur wenig Material benötigt.

> **Die sechs Phasen des Elternabends**

Praxistipp: Kurzvortrag

„Bei jedem meiner Elternabende gibt es ein kleines Kurzreferat zu wichtigen Grundschulthemen. Dazu gehören z.B.: Sicherer Schulweg; Was gehört in die Schultasche; Was sollten Grundschulkinder bereits können (z.B. Schuhe binden); Gesundes Pausenfrühstück; Wozu die Fibel gut ist; Konfliktlotsen und so weiter."

Neun Tipps für gute Vorträge

Ein gelungener Vortrag, in dem Sie Informationen knapp und verständlich präsentieren und bei dem Ihnen die Eltern mit Interesse zuhören, ist keine Zauberei. Bei der Vorbereitung helfen diese Tipps:

Tipp 1 — Ein klares Ziel haben

Überlegen Sie im Vorfeld, was Sie mit Ihrem Redebeitrag konkret erreichen wollen. Nur wenn Ihnen selbst klar ist, was genau erreicht werden soll, können Sie Ihre Informationen gut aufbereiten und klar gliedern. Fragen Sie sich:

→ Soll Ihr Vortrag informieren, z.B. über die Kriterien der Notenvergabe, den Inhalt des Sachkundeunterrichts oder das Konzept des Mathematikunterrichts?
→ Wollen Sie zum Handeln anregen und den Eltern z.B. nahebringen, wie sie ihren Kindern bei den Hausaufgaben besser helfen können, oder aufzeigen, auf welche Weise die neue Rechenart eingeführt wird?
→ Wollen Sie aufrütteln oder beruhigen, etwa wenn es um das Klima in ihrer Klasse geht?
→ Wollen Sie den Eltern eine Idee „verkaufen" und sie von etwas überzeugen?

Wer weiß, was erreicht werden soll, arbeitet zielgerichtet. Das Ziel vor Augen, fällt es auch leichter, eine logische Struktur aufzubauen. Versuchen Sie, Ziele realistisch einzuschätzen, um eigene Enttäuschungen zu vermeiden. Überlegen Sie aber auch, welche Argumente und Hilfsmittel Ihnen helfen können, ein gesetztes Ziel zu erreichen.

Vorträge vorbereiten mit der Fünf-Finger-Formel

Eine übersichtliche Hilfe bei der Vorbereitung eines Referats ist die so genannte „Fünf-Finger-Formel". Jeder Finger der Hand steht dabei für einen Redeteil, alle sollten enthalten sein:

Kleiner Finger:	Interesse wecken
Ringfinger:	Zusammenhänge schildern
Mittelfinger:	Begründung der eigenen Position, Widerlegung der Gegenargumente
Zeigefinger:	Beispiele, Beweise
Daumen:	Aufruf zum Handeln

Tipp 2 Den Eltern sagen, wohin die Reise geht

Worum es Ihnen geht, das sollte nicht nur Ihnen selbst, sondern auch den Eltern zu jedem Punkt Ihrer Ausführungen klar sein. Sorgen Sie also dafür, dass Sie nicht nur einen **roten Faden** haben, sondern dass dieser auch immer sichtbar bleibt. Bei komplexen Themen kann Ihnen und den Eltern ein Überblick auf Tafel oder Flipchart helfen, der die wichtigsten Punkte visualisiert. Während Ihres Vortrags können Sie sich darauf beziehen („*Diesen Punkt haben wir damit abgehakt, ich komme jetzt zum Punkt …*").

Auch hilfreich: Teilen Sie den Eltern gleich zu Beginn mit, was sie erwartet: „*Heute Abend werde ich Ihnen die drei wichtigsten Gründe vorstellen, warum Ihre Kinder mit dem Konzept „Lesen durch Schreiben" ideal in die Welt der Schriftsprache eingeführt werden.*"

„*Ich möchte, dass es in unserer Klasse ruhiger zugeht als in den letzten Wochen. Wie wir das erreichen, darüber will ich gleich mit Ihnen diskutieren. Aber zunächst erzähle ich Ihnen, was heute Morgen passiert ist, als ich hier ankam*".

4 Die sechs Phasen des Elternabends

> **Immer im Blick: die Tagesordnung**
>
> Ob Tagesordnung für den gesamten Abend oder Struktur für Ihren Input über ein bestimmtes Thema – ein Ablaufplan gibt Ihnen und den Eltern Sicherheit. Schön übersichtlich gelingt Ihnen die Struktur übrigens auch als Mindmap.

Tipp 3 Zuhörer im Blick behalten

Je nach Zusammensetzung der Elternschaft ist es wichtig, dass Sie besonders auf die **Verständlichkeit** Ihrer Ausführungen achten. Generell gilt: Fachbegriffe meiden, kurze Sätze, klare Sprache. Machen Sie sich klar, dass Sachverhalte, die Ihnen selbstverständlich sind, für viele Eltern „böhmische Dörfer" sein könnten, vor allem, wenn es sich um Menschen mit einer anderen Muttersprache, Kultur oder Bildungsniveau handelt. Anlauttabelle, Differenzierung, Elementarpädagogik oder andere Fach- und Fremdwörter werden von vielen Eltern nicht verstanden! Überlegen Sie auch: Was wissen die Eltern bereits über das Thema? Was betrifft sie direkt? Was sollen sie in jedem Fall mitnehmen?

Tipp 4 Mit einem guten Einstieg Interesse wecken

Leichter gesagt als getan, denken Sie vielleicht an dieser Stelle. So gelingt Ihnen der ansprechende Einstieg, und die Aufmerksamkeit ist Ihnen gewiss:

Überblick: Ganz klassisch – *„Heute Abend werde ich Ihnen das Thema XY vorstellen. Drei Punkte stehen dabei im Vordergrund: a, b und c. Im Anschluss haben wir Gelegenheit, das noch ausführlich zu diskutieren, dann beantworte ich auch gern alle Fragen, die Sie noch zu unserem Projekt haben."*

Anekdote: Mit einigen persönlichen Worten skizzieren Sie Ihre Verbindung zum Thema. Das baut Kontakt auf und lockert die Stimmung. Die Anekdote muss nicht aus Ihrem persönlichen Umfeld stammen, es kann auch etwas sein, das Sie z.B. in der Klasse beobachtet haben. (*„Gestern habe ich zwei Schülerinnen in der Pause beobachtet ..."*).

Frage: Fragen eignen sich ausgezeichnet für den Einstieg. Sie wecken die Aufmerksamkeit und ziehen die Zuhörer geradezu in den Vortrag hinein.

Je nach Anlass wählen Sie eine rhetorische Frage (*„Wenn eine gute Fee käme, die Ihnen jeden Wunsch erfüllen könnte, was würden Sie sich für Ihr Kind wünschen?" „Wollen wir nicht alle das Beste für unsere Kinder?"*), eine provokante Frage (*„Was muss noch passieren, bevor wir aufwachen und ...", „Wollen Sie, dass Ihre Kinder so aufwachsen?"*) oder eine echte Frage (*„Wer von Ihnen hatte als Kind einen eigenen Fernseher in seinem Zimmer?"*).

Aktuelles: Knüpfen Sie an eine tagesaktuelle Nachricht oder ein Ereignis an – das weckt garantiert die Aufmerksamkeit. Das können News aus der Zeitung sein oder etwas, das gerade in Ihrer Einrichtung oder dem Umfeld passiert ist. Wichtig ist die Aktualität und die Verknüpfung zum Thema (*„Heute Morgen habe ich in der Zeitung gelesen, dass jedes dritte Kind in Deutschland ..."*).

Überraschen: Steigen Sie mit etwas Unerwartetem ein. Das kann eine Zahl sein (*„Mehr als die Hälfte aller 5-Jährigen ..."*), ein Widerspruch oder eine Provokation (*„Kinder sind wahnsinnig anstrengend"*) oder ein Bild, Gegenstand, Tonbandaufnahme, Kurzfilm, der Ihr Thema auf unerwartete Weise veranschaulicht.

Zitat: Zitate finden sich zu fast allen denkbaren Themen. Sie verleihen Ihren Äußerungen damit zusätzliche Überzeugungskraft. (*„‚Die Aufgabe der Umgebung ist nicht, das Kind zu formen, sondern ihm zu erlauben, sich zu offenbaren'. Das hat die Pädagogin Maria Montessori einmal gesagt und ..."*). Zitate finden Sie in Sammelbänden oder schnell und einfach übers Internet.

Und so bitte nicht!
Sie sind immer so nervös? Gerade heute Abend fühlen Sie sich gar nicht wohl? Eigentlich sollte die Fachlehrerin über den Sachunterricht sprechen, aber nun mussten Sie kurzfristig einspringen?
Behalten Sie all das für sich! Steigen Sie niemals mit einer Entschuldigung in einen Vortrag oder eine Rede ein (es sei denn, sie wäre wirklich angebracht, z.B. wenn die komplette Beleuchtung ausgefallen ist). Sie wollen vielleicht nur die Erwartungen dämpfen

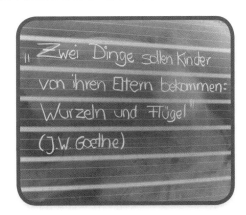

Unter anderem von Johann Wolfgang von Goethe sind viele Zitate zum Thema Lernen überliefert. Googeln Sie z.B. die Suchwörter „Zitate Lernen Kinder Schule".

und den Druck vermindern. Bei den Eltern kommt eine Entschuldigung aber als Schwäche und fehlende Kompetenz an. Und warum sollten sie ihre Freizeit damit verplempern, jemandem zuzuhören, der gleich zu Anfang erklärt, sich mit dem Thema nicht auszukennen? Also bitte!

Diese Eingangssätze können Sie deshalb getrost vergessen:

→ Bitte entschuldigen Sie, wenn ich Sie langweile, aber …
→ Es tut mir leid, dass heute Abend nur so wenige den Weg zu uns gefunden haben …
→ Eigentlich hätte heute Frau Schulz sprechen sollen, sie wäre für dieses Thema sicher besser geeignet …
→ Leider hatte ich nur wenig Vorbereitungszeit …

Tipp 5 — So viel wie nötig, so wenig wie möglich

Eine der schwierigsten Aufgaben für einen Redner ist die Begrenzung. Wie viel Information ist notwendig, womit überfordere ich meine Zuhörer? Vieles ergibt sich natürlich aus dem Ziel. Anderes müssen Sie inhaltlich entscheiden. Bei der Eingrenzung der Inhalte helfen Ihnen

a) der **Zeitfaktor** – nie länger als 20 Minuten am Stück reden! Länger kann kein Mensch aufmerksam zuhören, danach schweift die Aufmerksamkeit ab, und ein Methodenwechsel ist angesagt.

b) die **Gliederung** in drei bis maximal fünf Argumente oder Unterpunkte. Wenn Sie mehr Inhalt vermitteln wollen, müssen Sie das Thema in einem anderen Rahmen angehen.

Aktivierungsinseln im Informationsmeer

Unterbrechen Sie lange Redephasen durch „Aktivierungsinseln", in denen die Eltern auf die ein oder andere Art für eine kurze Weile aktiv werden können. So erhalten Sie die Aufmerksamkeit und verhindern, dass die Eltern sich in einer passiven Konsumentenrolle einrichten. Anregungen für aktivierende Elemente finden Sie im nächsten Abschnitt „Methodenkompetenz: Eltern aktivieren" (S. 101).

Tipp 6 — Informationen verankern

Zu einem gelungenen Vortrag gehören nicht allein die richtigen Argumente. Wichtig ist auch die „Verpackung" – alles das, was Interesse weckt und Spannung hält. Denken Sie an eigene Erfahrungen. Ein Vortrag oder eine Rede, die Sie wirklich beeindruckt hat, bestand sicher nicht daraus, dass der Redner übergangslos ins Thema eingestiegen ist. Sicherlich hat er es geschafft, gleich zu Beginn eine Beziehung zum Publikum herzustellen, hat Spannung aufgebaut oder mit Humor die Stimmung aufgelockert. Mit …

→ Bildern,
→ treffenden Beispielen,
→ Anekdoten,
→ Wiederholungen oder
→ überraschenden Verbindungen

verankern Sie Informationen in den Köpfen der Eltern. Am nächsten Tag erinnert sich niemand mehr an Ihre Ausführungen über die Aktivierung von Botenstoffen im Gehirn. Ihr tolles Beispiel, mit dem Sie gezeigt haben, wie Kinder ruck-zuck Vokabeln lernen, bleibt dagegen hängen – garantiert!

Tipp 7 — Konkret statt abstrakt

Seien Sie so **konkret** wie möglich! Schreiben Sie den neuen Rechenweg an die Tafel, statt ihn zu beschreiben! Lassen Sie Eltern selbst die Seite im Arbeitsheft der Kinder öffnen und vorlesen, statt ihnen nur davon zu erzählen! Zeigen Sie Beispiele aus dem Unterricht, gehen Sie gemeinsam in den Werkraum und begutachten die neue Ausrüstung. Indem Sie Fassbarem den Vorzug vor Abstraktem geben, gestalten Sie Ihre Informationen im wahren Sinne des Wortes „merk-würdig".

Tipp 8 — Zuhörer einspannen

Bringen Sie die Eltern dazu, **selbst aktiv** zu werden. Fordern Sie gleich zu Beginn zu einer Mini-Gruppenarbeit auf: *„Heute Abend geht es um das Thema Noten. Tauschen Sie sich bitte mit Ihrem Nachbarn oder Ihrer Nachbarin für einige Minuten aus, was Sie auf jeden Fall heute Abend darüber erfahren möchten. Notizpapier und Stifte liegen für Sie bereit. Ich werde dann versuchen, alle diese Punkte in meinem Kurzvortrag aufzugreifen."*

4 Die sechs Phasen des Elternabends

Anschließend notieren Sie die Fragen auf einem Plakat und nutzen sie als Struktur Ihrer Rede. Dieses Vorgehen erfordert zwar etwas Flexibilität von Ihnen, muss Ihnen aber dennoch keine Sorge machen. Als Fachkraft sind Sie in Ihrem Thema so sicher, dass Sie vermutlich alle Aspekte aus dem Stand behandeln können. Sollte dennoch einmal eine Frage auftauchen, auf die Sie nicht vorbereitet sind, geben Sie das ganz souverän zu: *„Ich muss gestehen, dass ich auf diese Frage aus dem Stand keine Antwort habe. Ich werde mich aber morgen darum kümmern und Ihnen dann mitteilen, was ich darüber herausgefunden habe."*

Falls nicht alle Aspekte genannt werden, die Sie für wichtig halten, ergänzen Sie einfach selbst: *„Zum Schluss will ich auch noch den Punkt a) mit aufnehmen. Er wurde von Ihnen zwar noch nicht genannt, ich glaube aber, dass er auch ganz wichtig für unsere Diskussion ist."*

Tipp 9 Gekonnt schließen

Das war's, danke und bis zum nächsten Mal? Auch wenn Sie erleichtert sind, Ihren Vortrag ohne Hänger gemeistert zu haben – berücksichtigen Sie den Schluss! Rund wird der Vortrag erst, wenn Sie abschließend das Wichtige kurz zusammenfassen, möglichst auf Ihre Einleitung zurückkommen (*„Anfangs hatte ich Ihnen die Frage gestellt..."*) und Perspektiven und Handlungsmöglichkeiten (konkret!) vorstellen.

So setzen Sie einen guten Schlussakzent:
→ kurze (!) Zusammenfassung des Gehörten
→ Perspektiven aufzeigen, wie es jetzt im Programm und/oder im Thema weitergeht
→ falls es sich anbietet: zum Handeln auffordern

Praxistipp: Handout

„Schön finde ich, wenn die Eltern die wichtigsten Infos zum Referat als kurzes Handout schriftlich in die Hand bekommen. Und zwar gleich zu Beginn, nicht hinterher. Das hilft den meisten, denn so schnell können sie nicht alles aufnehmen, und wenn alle mitschreiben, ist die Aufmerksamkeit auch schnell futsch. Dafür reichen Stichworte auf einer Seite – das dauert bei mir höchstens zehn Minuten."

Methodenkompetenz:
Eltern beim Vortrag aktivieren

20 Minuten – länger sollte Ihr Referat nicht sein. Der Grund: Danach sinkt die Konzentration ab, selbst bei Menschen die nicht schon einen vollen Arbeitstag hinter sich haben. Nun dauert der Elternabend meist 90 bis 120 Minuten. Diese Zeit wird auch benötigt, um alle Inhalte unterzubringen.

Was also tun? Sorgen Sie für kurze „Aktivierungsinseln" im Informationsmeer, um wieder Leben in die Runde Ihrer Zuhörer zu bringen:

Handzeichen-Frage
Stellen Sie die Beziehung her zwischen dem, was Sie gerade sagen, und dem persönlichen Erleben der Eltern, indem Sie eine konkrete Frage stellen und auffordern, darauf mit Handheben zu antworten. Z.B.: *„Wir haben jetzt einiges darüber gehört, wie Sie Ihren Kindern beim Lernen helfen können. Wer von Ihnen hat davon bereits etwas ausprobiert? Bitte heben Sie die Hand!"*

Tipp: Stellen Sie die Frage möglichst so, dass viele Hände gehoben werden.

Fragen notieren und abarbeiten
Fordern Sie die Eltern gleich zu Beginn des Elternabends auf, Fragen zum Thema zu sammeln, und notieren Sie diese auf dem Flipchart oder an der Tafel. Dann beziehen Sie sich immer wieder auf diese Fragen, sprechen evtl. auch diejenigen, die sie gestellt hatten, direkt an. Z.B.: *„Heute Abend wollen wir Ideen dazu sammeln, was Medienkompetenz eigentlich konkret bedeutet und wie sie sich auch umsetzen lässt. Welche Fragen oder Anregungen haben Sie dazu?"*

Nicht nervös werden, wenn die Wortmeldungen erst einmal spärlich kommen. Anfangs dauert es eine Weile, aber wenn sich erst einmal die ersten getraut haben, kommen meist noch andere dazu. Wichtig ist, dass auch alle Fragen beantwortet werden. Sollten Anregungen dabei sein, die nicht bearbeitet werden können, weil sie nicht zum Thema gehören, zu weit führen oder der Referent darauf nicht ausreichend vorbereitet ist, ist das auch kein Problem. Weisen Sie kurz darauf hin, und bieten Sie eine spätere Lösung/Bearbeitung an.

Medien- oder Ortswechsel einbauen
Nichts ist so einschläfernd wie ein Elternabend, bei dem die Eltern einfach nur dasitzen und konsumieren. Für Sie heißt das: Nicht nur vorn stehen und vortragen, sondern zwischendurch einen Aspekt des Themas als kleinen Film,

Die sechs Phasen des Elternabends

als PowerPoint-Präsentation oder auf andere Weise darstellen. Planen Sie gezielte Medienwechsel ein, und bringen Sie die Eltern dazu, sich zu bewegen (etwas betrachten, Platz wechseln, Hand heben, Gruppenarbeit an anderen Tischen, Präsentation). Bauen Sie nach dem Referat eine Diskussion ein, fordern Sie Eltern auf, selbst Stellung zu beziehen, oder lassen Sie einen kurzen Sketsch zum Thema entwickeln.

Tipp:

Kombinieren Sie den Medienwechsel möglichst oft mit einer Veränderung der (Sitz-)Position. Also z.B. die Beamer-Präsentation auf die andere Raumseite projizieren (geht auch oft besser, weil hier keine Tafel stört), die Eltern bitten, sich zu erheben, um ein Plakat an der Wand oder im Flur zu betrachten etc. Durch die körperliche Bewegung kommt auch wieder Bewegung in die Köpfe.

Mini-Gruppenarbeit (Murmelgruppe)

Nichts aktiviert so schnell wie eigenes Tun! Mit der Mini-Gruppenarbeit bringen Sie die Eltern dazu, wieder mit ganzer Aufmerksamkeit bei der Sache zu sein. Ca. fünf Minuten, länger sollte diese Aktivierung nicht dauern. Vorteil der Mini-Gruppenarbeit (auch Murmelphase genannt, weil dabei leises Gemurmel den Raum erfüllt): Wer gefragt wird und seine eigene Meinung und Erfahrungen einbringen darf, ist interessierter am Ergebnis und arbeitet mit mehr Engagement mit.

Z.B. so: *„Ich habe Ihnen jetzt einige Beispiele dafür genannt, wie Sie Ihre Kinder zu Hause bei der Arbeit unterstützen können. Tun Sie sich jetzt bitte mit Ihrem Nachbarn zur Rechten zusammen, und tauschen Sie sich kurz darüber aus: Arbeiten Sie schon jetzt mit Ihrem Kind oder nicht? Was funktioniert gut, was weniger gut? Am besten, Sie machen sich Notizen, anschließend tragen wir die Ideen nämlich hier zusammen. Sie haben jetzt fünf Minuten Zeit dafür."*

Tipp:

Damit die Mini-Gruppenarbeit nicht zum Schwatzen verleitet, schreiben Sie ein oder zwei prägnante Fragen an die Tafel und fordern dazu auf, diese zu zweit zu diskutieren. Dann kann niemand die Aufgabe vergessen.

Vortragen ohne Vortrag

Um Informationen an den Mann und die Frau zu bringen, müssen Sie nicht immer selbst reden. Ohne Input geht es natürlich nicht. Den aber können Sie auch durchaus einmal anders als mit einem Frontalvortrag vermitteln. Z.B. mit diesen Ideen:

Idee 1 Lernstationen

Mal ganz anders und gerade deshalb interessant ist die Arbeit an Lernstationen. Was mit den Schülern funktioniert, bringt auch die Eltern in Bewegung und macht Spaß.

So gehen Sie vor: Statt die Tagesordnungspunkte abzuarbeiten wie gewohnt, fordern Sie nach der Begrüßung die Eltern auf, sich zu erheben und Ihnen zur Wand (Flur, Metaplan-Wand o. Ä.) zu folgen. Hier hängt ein Plakat, auf dem Sie die wichtigsten Punkte des ersten Themas visualisiert haben – z.B. als Mindmap, Auflistung, Comic, mit Bildern ... Stellen Sie das Plakat vor, und geben Sie Raum für Verständnisfragen. Dann geht's weiter zur nächsten Station und damit zum zweiten Aspekt oder Tagesordnungspunkt. Hier zeigen Sie einen Film oder eine Präsentation, lassen die Eltern einer Tonaufnahme zuhören oder lassen die Anwesenden einen Fachtext lesen und bearbeiten. An Station Nr. 3 wartet vielleicht Material, mit dem praktisch gearbeitet wird, den Abschluss gestalten Sie dann erneut im Plenum.
Auch wenn Sie natürlich nicht ganz ohne zu reden auskommen – einen Frontalvortrag haben Sie diesmal nicht gehalten. Informationen werden häppchenweise und mit Medieneinsatz weitergegeben. Orts- und Medienwechsel sorgen ebenso wie die ungewohnte Methode garantiert für Aufmerksamkeit. Der hohe Praxisbezug, das Vermitteln durch Wort und Bild bzw. durch eigenes Erarbeiten hilft den Eltern beim optimalen Verstehen. Drei Stationen sind eine gute Anzahl, mehr führt leicht zu Ermüdungserscheinungen. Achten Sie darauf, pro Station nicht mehr als ca. 15 Minuten Zeit zu veranschlagen, und sorgen Sie nach Möglichkeit für Sitzgelegenheiten.

4 Die sechs Phasen des Elternabends

Keine Angst vor Kritik

Lassen Sie sich nicht von kritischen Stimmen verunsichern, wenn Sie beim Elternabend mal eine neue Methode ausprobieren. Eltern kommen natürlich mit einer Erwartungshaltung zum Elternabend und sind irritiert, wenn das Geschehen von ihren Erwartungen abweicht. Viele scheuen sich auch erst, selbst aktiv zu werden. Das ist ganz normal. Ihre Eltern sind besonders skeptisch, was Neues angeht? Dann setzen Sie ihnen Neues nicht einfach kategorisch vor. Laden Sie sie stattdessen ein, diese neue Methode einmal gemeinsam mit Ihnen auszuprobieren und anschließend die gemachten Erfahrungen kurz in der Gruppe zu reflektieren. Damit holen Sie die Teilnehmer psychologisch mit „ins Boot" und übertragen ihnen ein Stück der Verantwortung.

Idee 2 Teilnehmer als Experten

Menschen behalten das am besten, was sie selbst erarbeitet und im Wortsinne „begriffen" haben. Informationen, die nur gehört werden, werden dagegen innerhalb kürzester Zeit vergessen. Diese Erkenntnis können Sie beim Elternabend aufgreifen, z.B. wenn es um den Lehrplan fürs nächste Schuljahr, eine neue Methode o.Ä. geht.

Stellen Sie Material (Arbeitsblätter, Zeitungsberichte, Fragebögen, Filme, Grafiken, Fotos) zur Verfügung und lassen es durch die Eltern in Kleingruppen bearbeiten. Geben Sie vor, in welcher Form die Ergebnisse präsentiert werden sollen, z.B. als kurzes Referat, als Plakat, als Rollenspiel, Sketch, in Reimform, Rapsong.

Schnell, schneller, am schnellsten – Arbeitsergebnisse mit der 120-Sekunden-Regel präsentieren

Geben Sie als Vorgabe für die Präsentation der Ergebnisse aus den Kleingruppen ein Zeitlimit vor! 120 Sekunden dürfen nicht überschritten werden! Das kommt denjenigen entgegen, die nicht gern lange reden, hilft Ihnen, den Zeitrahmen überschaubar zu halten, und zwingt die Gruppen,

> Die sechs Phasen
> des Elternabends
>
> **4**

> sich auf das Wesentliche zu konzentrieren. Loben Sie einen Preis für die Gruppe aus, die das Zeitlimit am besten erreicht, oder küren Sie den „Präsentationssieger" des Abends. Das spornt den Wettbewerb an und gibt der an sich ernsthaften Gruppenarbeit einen spielerischen Charakter, der den meisten Menschen Spaß macht.

Die notwendigen Informationen liefern Sie. Diese müssen entsprechend aufbereitet sein, um innerhalb der relativ kurzen Zeit auch bearbeitet werden zu können. Das heißt: Informationen auf die Länge einer DIN-A4-Seite verdichten und übersichtlich strukturieren. Geben Sie außerdem genau vor, was die Eltern tun sollen. Der Arbeitsauftrag kann z.B. lauten: *„Lesen Sie den Text. Diskutieren Sie danach die Vor- und Nachteile der Methode, und halten Sie die wichtigsten Punkte auf Karten fest. Anschließend werden Sie Ihre Erkenntnisse für alle Eltern präsentieren."* Diese Vorbereitung macht die Methode im Vorfeld recht aufwändig, sorgt aber für einen entspannten und mit Sicherheit denkwürdigen Elternabend. Planen Sie für die Arbeitsphase in den Kleingruppen ca. 30 Minuten ein, für Präsentation und anschließende Frage- oder Diskussionsrunde noch einmal ca. eine Stunde.

Ideal eignet sich diese Methode, wenn zu einem bestimmten Thema gearbeitet wird und unterschiedliche Aspekte eines Ganzen an die Kleingruppen gehen. Aber auch für einen „regulären" Elternabend können Sie für einen Punkt der Tagesordnung die Teilnehmer zu Experten machen und dann die übrigen Punkte wie gewohnt vortragen.

Idee 3 Interview mit Experten/Moderiertes Gespräch

Warum immer vortragen? Unterhalten Sie sich doch einfach einmal vor Publikum mit einem Experten! Talkshows machen vor, dass die Interviewform auch Informationen vermittelt. Laden Sie einen Logopäden, einen Lerntherapeuten oder einen Ernährungsexperte ein, und bitten Sie Ihre Elternvertreter, zusammen mit Ihnen geeignete Fragen auszuarbeiten. Inszenieren Sie dieses Interview, und schaffen Sie Talkshowcharakter mit Beleuchtung, Nebentisch mit Wasserglas und hervorgehobenen Sitzplätzen. Nach Abschluss des „Interviews" steht dann Zeit für Fragen aus dem Publikum zur Verfügung. Denkbar wäre auch eine offene Diskussion des Gehörten im Plenum, um den Eltern

4 Die sechs Phasen des Elternabends

den Transfer der neuen Informationen in ihren Familienalltag zu erleichtern (Arbeitsfrage z.B. „Und morgen? Wie kann ich das, was ich hier erfahren habe, praktisch in den Alltag mitnehmen?")

Idee 4 Lehrfilm

Im Unterricht ist er beliebt – warum nicht auch beim Elternabend mal auf den Lehrfilm setzen? Etliche Themen, die auf der Tagesordnung stehen, lassen sich auf diese Weise gut vermitteln. Aber Achtung: Sorgen Sie dafür, dass die Eltern nicht einfach passiv konsumieren, sondern sich als aktive Teilnehmer begreifen. Allein das notwendige Abdunkeln führt in der Regel ja schon zu einem gewissen Ermüdungseffekt. Beugen Sie dem vor, indem Sie gleich ankündigen, dass mit den Inhalten des Filmes weitergearbeitet wird.

→ Bitten Sie die Eltern z.B., auf bestimmte Aspekte zu achten und sich dazu Notizen zu machen.
→ Kündigen Sie an, dass Fragen im Anschluss beantwortet werden, und geben Sie Notizpapier aus, auf dem Eltern ihre Fragen aufschreiben können.
→ Im Anschluss sollen Pro und Kontra zusammengetragen werden, auch darauf lässt sich schon während des Films achten.

Visualisieren hilft verstehen – Anregungen für Querdenker

Erinnern Sie sich? Je mehr Sinne beteiligt sind, desto besser wird etwas behalten! Setzen Sie darum nicht allein auf das gesprochene Wort, sondern stellen Sie Inhalte nach Möglichkeit parallel an der Tafel, per Beamer oder auf andere Weise visuell dar.

Das geht natürlich am einfachsten an der Tafel oder am Whiteboard – ein bis zwei Stichwörter pro Tagesordnungspunkt, eine Liste der Dokumente, die jedes Kind für die Klassenfahrt benötigt, sind schnell notiert. Mehr Aufmerksamkeit erreichen Sie, wenn Sie gelegentlich zu Visualisierungen greifen, die den Eltern nicht bereits vertraut sind. Im Folgenden werden zwei Möglichkeiten vorgestellt: die Mindmap und der Vortrag mit Gegenständen.

Visualisieren mit der Mindmap

Vielleicht verwenden Sie die Mindmap bereits als Arbeits- oder Lernmethode im Ihrer dritten oder vierten Klasse. Ebenso gut eignen sich Mindmaps, um Inhalte zu illustrieren. Ihre Form (Querformat!) und das Vorgehen (organisch, nicht linear) spricht unsere kreative Seite an und hilft, Zusammenhänge sichtbar zu machen.

Beim Einsatz während Ihres Elternabends lassen Sie vor den Augen der Eltern eine Mindmap wachsen. Aus Platz- und Formatgründen eignen sich dafür entweder die Tafel oder ein Großplakat. Falls keine Pinnwand zur Verfügung steht, befestigen Sie den Plakatbogen mit Kreppband an der Wand.

Die Technik ist einfach: Mindmaps werden immer im Querformat angelegt. In der Mitte steht das Thema, um das es geht, z.B. „Lesen lernen". Umranden Sie es farbig mit einer Wolkenform oder einem Kreis. Die wichtigsten Aspekte des Themas werden nun als Hauptäste gezeichnet, die von der Mitte aus nach links und rechts, oben und unten wachsen. Achten Sie bei der Vorab-Planung darauf, nicht zu viele Hauptäste zu definieren, die Mindmap wird sonst schnell unübersichtlich. Fünf bis sechs Hauptäste sollten Sie bei einer Präsentation nicht überschreiten. Weitere Unterpunkte und Einzelheiten werden als Verzweigungen gemalt, die von den dicken Hauptästen abgehen. Auf weitere Verzweigungen sollten Sie besser verzichten, damit das Gesamtbild übersichtlich bleibt. Falls Sie eine Mindmap verwenden, um damit für sich Inhalte zu rekapitulieren oder Ideen zu entwickeln, sind selbstverständlich weitere Unterebenen möglich, die ebenfalls durch Ästchen dargestellt werden.

Jeder Ast erhält auf seiner Oberseite eine Beschriftung. Alle Äste (auch die nach oben und unten abzweigenden) werden in die Waagerechte geführt, damit eine lesbare (!) Beschriftung angefügt werden kann. Für eine bessere Übersichtlichkeit werden bei der Mindmap Farben verwendet. Sie können z.B. jeden Hauptast mit einer eigenen Farbe verstärken. Auch Symbole und Bilder sind ideale Bestandteile Ihrer Mindmap, sie können durchaus eine Beschriftung ersetzen.

Vorteil der Visualisierung mit einer Mindmap ist, dass die Methode äußerst flexibel ist. Neue Aspekte können jederzeit hinzugefügt werden, Zusammenhänge, die während der Diskussion erkannt werden, lassen sich problemlos sichtbar machen.

4 Die sechs Phasen des Elternabends

Tipp:

Wenn Sie die Mindmap während Ihres Vortrags zeichnen, können Sie sich die Arbeit erleichtern, indem Sie die grobe Struktur aus Mitte und Hauptästen schon vormalen, z.B. auf der Innenseite der Tafel. Während des Vortrags fügen Sie dann nur noch die Beschriftung und die Nebenäste ein.

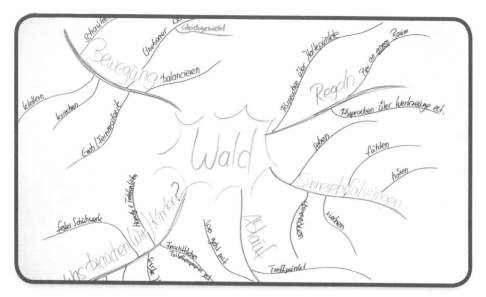

Diese Mindmap enthält alle wichtigen Informationen zum Waldprojekt. Sie entstand im Rahmen einer Fortbildung.

Visualisieren mit Gegenständen

Ein Pflichttermin steht an – der Elternabend für die Eltern der „werdenden Schulkinder" im benachbarten Kindergarten. Dazu wird in jedem Jahr eine Lehrkraft eingeladen, die im kommenden Schuljahr eine der ersten Klassen übernehmen wird. Für Eltern ist dieser Termin wichtig, weil hier die Grundlage für die Gespräche über Entwicklung und Schuleintritt geschaffen wird. Die Lehrkräfte lernen die Eltern der nächsten Klasse schon einmal kennen und können im Vorfeld vermitteln, welche Entwicklungsschritte ein Kind bereits gegangen sein sollte, bevor es in die Schule kommt.

Die sechs Phasen des Elternabends

Es geht bei diesem Elternabend also darum, den Eltern die Faktoren zu vermitteln, die für die Schulfähigkeit wichtig sind. Statt nun ein Referat zu beginnen, holt die eingeladene Lehrerin einen alten Leder-Schulranzen heran, den sie mitgebracht hat. Was mag sich wohl darin verbergen? Stück für Stück holt die Pädagogin während ihres Kurzvortrags verschiedene Gegenstände aus dem Ranzen und stellt sie vor sich auf den Tisch. Diese Gegenstände – ein Paar Turnschuhe, ein Mensch-ärgere-dich-nicht-Spiel, ein Lineal und Stifte, ein Apfel, ein Wecker – illustrieren die wichtigsten Punkte ihres Vortrags. Jedes Teil steht für einen Aspekt der Schulfähigkeit. Nach etwa 20 Minuten liegen sechs Gegenstände auf dem Tisch, und der Vortrag ist beendet.

Nun sind die Eltern an der Reihe. In Kleingruppen erfahren sie, welche Übungen, Tätigkeiten und Spiele im Kindergarten die Fähigkeiten fördern, die sie soeben als wichtige Bestandteile der Schulreife kennengelernt haben. Die Gegenstände bleiben sichtbar im Raum, als Erinnerung an das Gehörte.

Mit Gegenständen lassen sich viele weitere Themen ganz einfach verbildlichen. Denken Sie nur an Elternabende zum Thema Medien (mögliche Gegenstände: Wecker, Medienhelden als Spielfigur, Ball, Buch etc.), Ernährung (Zuckerwürfel, Springseil, Zahnbürste, Zentimetermaß etc.) oder Lernumfeld (Wasserflasche, Eieruhr, Igelball etc.). Statt mit Gegenständen können Sie übrigens auch mit Bildkarten arbeiten, die an die Tafel geheftet werden. Eindrucksvoller, weil plastischer, sind aber in jedem Fall die „greifbaren" Objekte. Gerade bei Eltern mit Sprachschwierigkeiten kann über Gegenstände ein besseres Verständnis erzielt werden. Die übrigen Vorteile der Technik liegen auf der Hand. Sie ist

→ einfach umzusetzen,
→ überraschend, weil viele Eltern so etwas zum ersten Mal erleben,
→ kreativ,
→ ansprechend und
→ flexibel.

Wenn Sie die Visualisierung mit Gegenständen ausprobieren möchten, sollten Sie das berücksichtigen:

→ Die Gegenstände sollten vorher nicht sichtbar sein, das verringert den Überraschungseffekt.
→ Wählen Sie nach Möglichkeit Dinge, die von den Eltern später auch in die Hand genommen werden können. Der sinnliche Aspekt, das Anfassen-Können, macht den Reiz der Methode aus.

→ Verwenden Sie fertige Gegenstände, die Sie nicht erst zusammensetzen müssen.
→ Lassen Sie alle Gegenstände vor sich liegen, packen Sie sie nicht wieder in den Behälter, aus dem sie kamen. Jedes Objekt dient als Gedankenstütze für einen Teil Ihres Vortrags.
→ Seien Sie erfinderisch! Finden Sie unerwartete Gegenstände, mit denen sich Ihre Inhalte plastisch darstellen lassen.

Phase 4: Themen bearbeiten

„Einmal gesehen ist besser als 100-mal gehört.
Einmal getan ist besser als 100-mal gesehen."

Das Sprichwort aus Vietnam bringt auf den Punkt, wie wirkungsvoll gelernt wird. Heute weiß man, dass solche Inhalte am besten verstanden werden, die selbst erarbeitet wurden. Und: Je mehr Sinne beim Lernen angesprochen werden, desto besser wird das Gelernte im Kopf verankert.

Für den Elternabend heißt das, immer wieder Phasen einzuflechten, in denen die Eltern eigenständig Inhalte erarbeiten oder das Gehörte für sich bewerten, einordnen und weiterentwickeln. Zusammen mit dem Input gehört diese Bearbeitungsphase zu den Kernstücken eines guten Elternabends. Aktive Bearbeitungsphasen können kurz und lang sein, können am Beginn oder am Ende einer Inputphase stehen. Indem die Eltern eigene Fragen, Einstellungen und andere Impulse einbringen, werden sie von Konsumenten zu Produzenten, von passiven Zuhörern zu aktiv Beteiligten. Aus einer Runde von müden Zuhörern wird im besten Fall eine Klassenelternschaft, die sich über das gemeinsame Tun besser kennenlernt und motiviert ist, gemeinsam mit Ihnen Verantwortung für die Klasse zu übernehmen.

Informieren durch Erleben

*"Erzähle mir, und ich vergesse. Zeige mir, und ich erinnere.
Lass es mich selber tun, und ich verstehe." (Konfuzius)*

Lernen durch Selbermachen, Aktivieren durch eigenes Tun, Motivation schaffen durch Beteiligung: Das sind die Zutaten, die aus einem herkömmlichen Elternabend einen neuen, anderen Elternabend machen. Nicht nur in der Anwärmphase zu Beginn des Elternabends setzen Sie mit praktischem Erleben wichtige Akzente, auch im Hauptteil vertiefen Sie damit die vermittelten Informationen.

Eigenes Erleben vermittelt Informationen auf eine Weise, wie es mit Worten nicht möglich ist. Wer einmal versucht hat, zu beschreiben, wie ein Apfel schmeckt, ein Sonnenaufgang aussieht oder ein Musikstück sich anhört, weiß, dass Worte enge Grenzen haben. Viel besser ist es dagegen, eigene Erfahrungen zu machen, mit den eigenen Sinnen zu erleben.

Führen Sie beim Elternabend Elemente des Schulalltags mit den Eltern durch, statt davon zu erzählen. Morgenkreis, Geburtstagsritual, Bewegungsübungen, Lieder, Fantasiereise, Kreisspiele oder Rituale eignen sich hervorragend und können in relativ kurzer Zeit mit der gesamten Elternschaft im Plenum ausprobiert werden. Erläutern Sie anfangs kurz, was kommt: *„Heute will ich Ihnen zeigen, wie wir in unserer Klasse jeden neuen Schultag beginnen. Bitte kommen Sie einmal nach vorn und stellen sich auf unseren Morgenteppich. Wer mag, kann sich auch hinsetzen, so machen das die Kinder auch immer."*

Idee: Stille erleben mit dem Klangschalenkreis
Sehr eindrucksvoll sind Stille- und Meditationsübungen, die den Eltern eine Seite des Kindes zeigen, die sie im Alltag oft kaum wahrnehmen. Übungen wie der hier beschriebene Klangschalenkreis eignen sich deshalb gut als kurze, aktivierende Impulse beim Elternabend. Wichtig ist natürlich, dass genau diese Übung auch mit den Kindern ausgeführt wird.

So geht's: Die Eltern stehen oder sitzen im Kreis. Schlagen Sie eine Klangschale an und reichen sie an den Nächststehenden weiter, dabei schauen Sie ihm oder ihr in die Augen. Die anderen Eltern lauschen dem Geräusch, bis es verklungen ist. Dann schlägt die nächste Person die Schale an. Als Anleitung kann noch angeregt werden, dass jeder, der die Schale weiterreicht, in Gedanken den Satz spricht: *„Ich schenke dir diesen Klang."* Vor allem ist darauf

4 Die sechs Phasen des Elternabends

Die Klangschale läutet die Meditationsübung ein.

zu achten, dass die Schwingung der Schale nicht abgestoppt wird, sondern dass sie weiterklingt. Deshalb muss die Schale flach auf der Hand gehalten werden. Fahren Sie fort, bis die Schale einmal um den Kreis gewandert ist und wieder an ihrem Ausgangspunkt angekommen ist. Mit dieser Übung finden Kinder (und Eltern!) sehr gut in die Stille. Der Kreis gibt zudem ein Gefühl von Geborgenheit und Zusammengehörigkeit. Es findet eine Zentrierung auf den Gruppenprozess statt.

Selbst mitmachen

Fordern Sie die Eltern nur zu solchen Praxisübungen oder Spielen auf, die Sie als Teilnehmer selbst auch mitmachen würden. Wenn praktische Arbeiten, wie Elfchen oder anderes, beim Elternabend eingesetzt werden, sollten Sie sich selbst natürlich auch beteiligen bzw. ein entsprechendes Ergebnis vorbereitet haben.

Ausnahmen sind nur solche Praxisübungen aus dem Unterricht, bei denen es eher auf die Methode ankommt. Wenn Sie etwa Arbeitsblätter ausgeben, um den Umgang mit den Grundrechenarten o. Ä. praktisch zu vermitteln, rechnen Sie nicht mit. Stattdessen können Sie herumgehen und erläutern, worum es geht, oder Fragen beantworten.

Praxistipp: An Stationen lernen

„Ich habe letztens die Lehrplaninhalte in einem Stationenlauf präsentiert, an dem die Eltern Infos zum Lehrplan selbstständig nachlesen konnten. Danach habe ich in einem Referat die Inhalte nochmal vorgestellt, ohne mich allzu sehr zu wiederholen. Dann konnten die Eltern Fragen dazu stellen. Damit zeige ich auch gleich eine Arbeitsform in der Schule.

Die sechs Phasen des Elternabends

4

> *Letztes Jahr haben wir vier Stationen zu diesen Inhalten gemacht: Wochenplan, Werkstatt, Blockzeiten, Hausaufgaben. Daran erarbeitete sich jede Elterngruppe etwas und stellte dies im Anschluss vor."*

Stationenlernen gehört heute zu den Standards im Unterricht. Was bei den Schülern gut klappt, kann auch den Elternabend bereichern. Sie müssen hierfür allerdings etwas Zeit einplanen – etwa 45 Minuten für die Arbeit an ca. vier Stationen sowie ausreichend Zeit für eine theoretische Aufbereitung des Erlebten. Besonders gut eignet sich das Stationenlernen, um Lehrplaninhalte und Unterrichtsmethoden praktisch zu vermitteln.

So geht's: Bauen Sie nach Möglichkeit in verschiedenen Räumen mehrere Stationen auf, an denen die Eltern in kleinen Gruppen aktiv werden können. Dafür eignen sich z.B.

→ Arbeitsblätter
→ Übungen wie Malen, Ausschneiden o. Ä.
→ Fibel
→ Arbeit mit Instrumenten oder Werkzeugen
→ Material zur Förderung der Feinmotorik
→ Versuche aus dem Sachunterricht
→ PC-Programme u.v.m.

Denkbar sind selbstverständlich auch mehrere Stationen zu einem Thema – entscheiden Sie nach Ihren speziellen Anforderungen und der Situation der Klasse, was für Sie mehr Sinn macht.

An Stationen können ganz unterschiedliche Materialien ausliegen, mit denen die Eltern praktisch nachvollziehen, was ihre Kinder im Unterricht lernen.

Erklären Sie zu Beginn, dass die Eltern nun die Möglichkeit haben, mit genau den Materialien zu arbeiten, die auch die Kinder bekommen. Erläutern Sie vorher kurz, wie gearbeitet wird und worauf besonders zu achten ist: *„Viele von ihnen haben sicher noch nach der herkömmlichen Methode schreiben gelernt. Heute will ich Ihnen einmal praktisch vermitteln, wie Ihre Kinder heute*

4 Die sechs Phasen des Elternabends

das Schreiben und Lesen lernen." So können die Eltern später ihren Kindern besser helfen, und Sie vertiefen das Verständnis für Ihre Unterrichtsinhalte.

Richten Sie je nach Teilnehmerzahl 3–5 Stationen ein und lassen Sie pro Station ca. 10–15 Minuten Zeit zum Arbeiten. Sinnvoll ist es, gleich einen Fragebogen auszulegen, auf dem die Eltern angeben sollen, um welche Fähigkeiten es an jeder Station im Einzelnen geht. So wird bei einem Spiel aus Ihrem Materialschrank vielleicht nicht nur das räumliche Denken geschult, sondern auch die Feinmotorik und das soziale Miteinander. Oder ein Experiment aus dem Sachkundeunterricht dient dem naturwissenschaftlichen Wissen, schult aber auch weitere Fähigkeiten, wie selbstständiges Arbeiten, Sorgfalt etc.[17] Alternativ können Sie einen Wochenplan-Bogen benutzen und darauf für jeden Elternteil die Aufgaben auflisten, die an den Stationen zu erledigen sind. So wird gleich noch das Instrument Arbeitsbogen eingeführt und kann erläutert werden.

Im Anschluss sollten Sie kurz in der großen Runde abfragen, wie die Eltern mit ihren Aufgaben und Stationen zurechtgekommen sind. Eine geeignete Frage dazu lautet z.B. „Wie ging es Ihnen an den Stationen/mit diesen Aufgaben?". Notieren Sie Kernaussagen kurz an der Tafel mit, und beziehen Sie sich ggfs. später beim Input darauf.

„Für solche Spielereien habe ich keine Zeit" – Umgang mit Widerstand

Wenn Sie Methoden wie praktische Übungen einführen, kann es sein, dass einzelne Eltern sich verweigern. Reagieren Sie gelassen, wenn Väter oder Mütter nicht mitarbeiten möchten. Erläutern Sie auf solche Einwände hin, dass die Eltern heute die Möglichkeit haben, das pädagogische Konzept des Unterrichts kennenzulernen, und dass viele Erfahrungen ganz anders wahrgenommen werden, wenn sie selbst erlebt werden. Vergleichen Sie die Praxiserfahrung mit dem Erlernen des Autofahrens oder der Reise in ein fremdes Land. Egal wie viel ein anderer uns über das Fahren erklärt – lernen können wir es nur am Steuer. Gerüche, Temperatur und Empfinden eines fremden Landes bleiben Theorie, bis wir aus dem Flugzeug oder Auto steigen und das Land erleben.

Herausforderungen meistern

Machen Sie praktisch deutlich, welche Herausforderungen die Kinder meistern müssen, indem Sie die Eltern mit Übungen auf vergleichbarem Schwierigkeitsniveau konfrontieren. Lassen Sie anhand des Spiegelbildes eine Form nachzeichnen (vgl. Übung auf Seite 78), verteilen Sie dicke Fausthandschuhe und lassen die Eltern damit etwas ausschneiden o. Ä. Erläutern Sie anschließend, welche Leistungen Kinder erbringen, die sich neues Wissen und Fähigkeiten aneignen, um das Verständnis der Eltern zu verbessern.

Idee 1 — Schreiben lernen 13

Statt der Übung zur Anlauttabelle können Sie den Eltern auch anhand der alten Sütterlinschrift verdeutlichen, dass Schreibenlernen eine echte Herausforderung ist! Kopieren Sie das Sütterlin-Alphabet[18] und verteilen ein Exemplar an alle Anwesenden. Nun lassen Sie gemeinsam etwas schreiben, vielleicht die Redensart: „Aller Anfang ist schwer".

Aller Anfang ist schwer

Im Anschluss macht es Sinn, kurz die Erfahrungen der Eltern abzufragen, z.B. so: *„Danke, dass Sie sich auf diese kleine Praxisübung eingelassen haben. Wie ging es Ihnen dann dabei?"*
Selbstverständlich können Sie die Übung auch mit anderen Zeichen oder Schriften durchführen. Entwerfen Sie ein Fantasie-ABC, verwenden Sie chinesische oder kyrillische Schriftzeichen oder das ägyptische Hieroglyphen-Alphabet.

Idee 2 — Kreativ sein mit Elfchen

Vieles von dem, was Grundschulkinder im Unterricht lernen, fällt auch Eltern nicht so leicht, wie sie es vielleicht denken. Ein schönes Beispiel sind die „Elfchen" (oder Haikus), die im Deutschunterricht geschrieben werden. Fordern Sie die Eltern auf, ein solches Mini-Gedicht zu schreiben, wenn es zum Inhalt Ihres Elternabends passt, am besten gleich mit Bezug zum Thema Schreiben, Worte finden, Schule, Elternabend o. Ä.

4 Die sechs Phasen des Elternabends

So gehen Sie vor: Erklären Sie kurz das Prinzip der Elfchen, und lassen Sie die Eltern dann ihr eigenes Gedicht anfertigen. Geben Sie ähnlich wie im Unterricht Regeln vor, etwa zum Thema oder zum Aufbau. Nicht jedes Elfchen soll im Anschluss vorgelesen werden, das würde auch zu lange dauern. Fragen Sie, wer gern vorlesen möchte, es findet sich sicher mindestens ein Elternteil, der dazu bereit ist. Falls nicht, können Sie selbst den Anfang machen und ihr Elfchen zum Besten geben.

Elternabend
Voller Erwartung
Kamen wir hierher
Was bringt der Abend?
Impulse

Idee 3   Sprecherziehung

Wattebälle pusten oder Seifenblasen machen trainiert die Muskulatur des Mundes, die auch für das Sprechen wichtig ist. Lassen Sie Eltern z.B. einen Tischtennisball auf dem Tisch herumpusten, einen Wattebausch nur mit Pusten ins Ziel bugsieren oder die größte Seifenblase produzieren. Was das bewirkt, klären Sie erst im Anschluss auf.

Praxistipp:

„In diesem Jahr werde ich auf einem Zusatztisch eine Menge Rechenspiele zum Ausprobieren präsentieren und den Interessierten dann im Anschluss erklären. Viele Eltern können sich unter den heutigen Lehrmethoden einfach nichts Konkretes vorstellen, da hilft das Selbermachen mehr als alle Erklärungen der Welt."

Idee 4   Wörternetz

Vielleicht arbeiten Sie in Klasse 2 oder 3 mit dem Wörternetz? Teilen Sie die Eltern schnell in 4er-Gruppen (am besten solche, die bereits zusammensitzen) und geben an jede Gruppe mehrere Moderationskarten oder einen Bogen DIN-A3-Papier und Stifte. Bitten Sie jetzt, zu einem vorgegebenen Thema Begriffe zu finden (z.B. Frühjahr) und um den Begriff herum auf den Bogen zu schreiben. Anschließend dürfen die Bögen aller kurz besichtigt werden. Fragen Sie jetzt, nach welchen Kriterien die Begriffe sich sortieren lassen (Wortarten, ABC, thematischer Zusammengehörigkeit etc.). So schaffen Sie einen tollen Einstieg in die Arbeit mit Wortarten und vielen weiteren Aspekten von Sprache!

Elternsicht erarbeiten: Fünf Methoden

In der Bearbeitungsphase kann es manchmal sinnvoll sein, Einstellungen und Ideen der Eltern abzufragen oder sie aufzufordern, selbst Regeln oder einen Lösungsansatz zu erarbeiten. Speziell dann, wenn Eltern ihr eigenes Verhalten ändern oder überprüfen sollen, erzielen Sie bessere Ergebnisse, wenn die Ideen selbst entwickelt und nicht vorgegeben werden.

Das trifft z.B. auf Themen wie Medienkonsum, Ernährung, Unterstützung bei den Hausaufgaben und beim Lernen, Verkehrserziehung und viele andere zu. Neben Ihrem Input können sich Eltern dazu in Gruppen zu einer Fragestellung austauschen und eigene Ideen sammeln. Wichtig ist hier, dass Sie Thema, Arbeitsweise und -zeit genau vorgeben. Achten Sie aber gleichzeitig darauf, nicht in die „Expertenfalle" zu tappen und als allwissende Leitungsperson aufzutreten. Stattdessen sind Sie zu diesem Zeitpunkt zwar derjenige, der methodisch anleitet, die inhaltliche Verantwortung liegt aber bei den Eltern.

Die vorgestellten Methoden auf einen Blick:
1. Elternsicht erarbeiten mit Fragebögen
2. Elternsicht erarbeiten mit einem Szenario
3. Elternsicht erarbeiten mit dem World Café
4. Elternsicht erarbeiten mit provokanten Aussagen
5. Elternsicht erarbeiten mit dem Brainstorming

Idee 1 | Elternsicht erarbeiten mit Fragebögen

Fragen öffnen einen Diskussionsprozess. Sie geben der Unterhaltung eine Struktur und können konstruktiv sein, indem sie auf ein bestimmtes Ziel hinführen. Deshalb eignen sie sich gut, wenn Eltern ihre Ideen und Einstellungen zu einem Thema zunächst einmal herausfinden und später bewerten sollen. Teilen Sie die Eltern in Gruppen oder Paare ein und lassen sie dann einen vorgegebenen Fragebogen gemeinsam bearbeiten. Das fördert das Gemein-

4 Die sechs Phasen des Elternabends

schaftsgefühl, verschiebt den Fokus vom Einzelnen hin zur Gruppe und macht auch einfach mehr Spaß.

Wichtig: Die Fragebögen dienen als Diskussionsgrundlage, nicht zur Erhebung eines Meinungsbildes. Daher sollten sie nicht zu viele Fragen enthalten, drei bis vier reichen vollkommen aus. Stellen Sie die Fragen entweder offen, oder geben Sie eine Skala vor, anhand derer die Eltern ihre Einstellung einschätzen können.

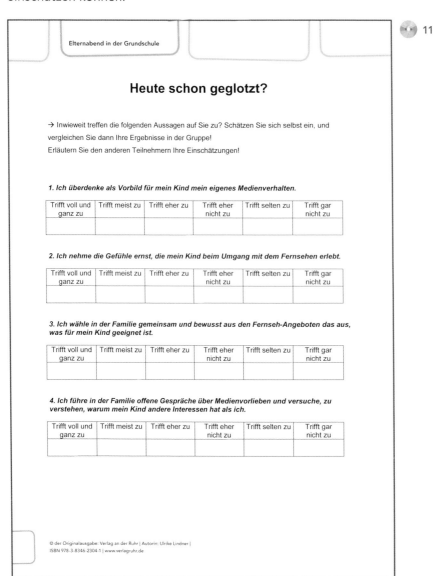

Die sechs Phasen
des Elternabends

Idee 2 — Elternsicht erarbeiten mit einem Szenario

Fragebögen sind nur eine Möglichkeit, wie Eltern in der Kleingruppe ein Thema bearbeiten können. Ein anderes bewährtes Mittel ist das so genannte „Szenario", das unter anderem in der Moderationsmethode Verwendung findet. Ein Problem oder eine Frage wird dabei aus drei oder vier Blickwinkeln bearbeitet. Ziel des Szenarios ist es, alle relevanten Aspekte eines Themas zu behandeln. Anschließend werden die Ergebnisse anhand des vorbereiteten Szenario-Bogens im Plenum vorgestellt. Der Vorteil dieser Methode: Das vorgegebene Raster ermöglicht es, ein Thema „rundum", in vielen Aspekten zu beleuchten. Außerdem lenken die Fragen die Diskussion und verhindern (weitgehend) ein Abschweifen der Teilnehmer.

Diese Fragen werden üblicherweise für ein Szenario verwendet:
1. **Wie ist es?**
   (Wie sieht der Weg zur Schule für mein Kind aus?)
2. **Wie soll es sein?**
   (Wie kann es besser sein? Was könnte die Ursache für das Problem sein?)
3. **Was benötigen wir dafür?**
   (Was können wir tun, um den Schulweg sicherer zu machen?)
4. **Was wollen wir als Erstes tun?**

So gehen Sie vor: Bereiten Sie pro Gruppe einen Szenario-Bogen vor, entweder als DIN-A4-Blatt oder als großen Flipchart-Bogen. Anschließend werden die Fragen in der großen Gruppe einmal vorgelesen und das Vorgehen und der Zeitaufwand erklärt. Die Arbeitszeit beträgt mindestens 20 bis maximal 40 Minuten, zu kurz ist nicht gut, damit sich die Eltern in ihren Gruppen auch wirklich unterhalten können. Es kann sich anbieten, die Lösungsvorschläge aus dem vierten Feld auf Karten schreiben zu lassen, wenn sie später weiter verwendet werden sollen.

Beispiel: Der Elternabend beschäftigt sich mit dem Thema „Regeln und Rituale". Dazu sollen die Eltern herausarbeiten, wie sie in ihren Familien damit umgehen, welche Regeln ihnen wichtig sind und wie diese umgesetzt werden. Dafür setzen Sie einen Szenario-Bogen mit diesen Fragen ein:

→ Welche Rituale geben unserem Familienleben Struktur?
→ Was gefällt uns daran/was ist schwierig?
→ Wie könnte es noch besser laufen?
→ Was lässt sich von diesen Ideen sofort umsetzen?

4 Die sechs Phasen des Elternabends

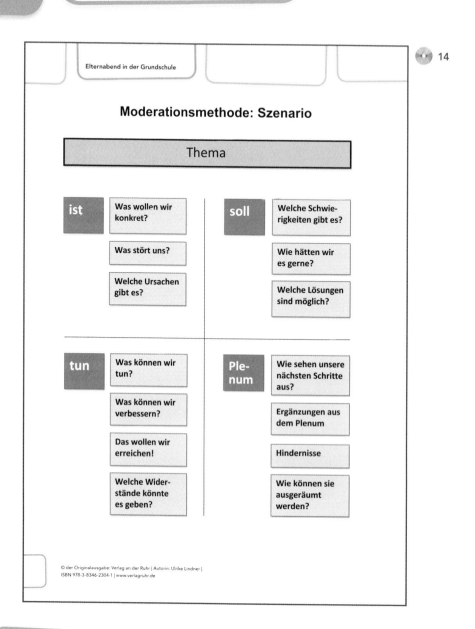

Idee 3 Elternsicht erarbeiten mit dem World Café

Das World Café ist eine Methode, die seit einigen Jahren immer mehr Anhänger gewinnt. Sie eignet sich, um in einer großen Gruppe Einstellungen sichtbar zu machen und gemeinsam Lösungen zu erarbeiten. Beim Elternabend bringt sie die Teilnehmer untereinander ins Gespräch und sorgt für eine lockere und entspannte Arbeitsatmosphäre.

Das brauchen Sie: Stifte in unterschiedlichen Farben und einige große Bögen Papier oder eine Papiertischdecke (Dekobedarf), außerdem Arbeitstische entsprechend der Anzahl von Kleingruppen.

So geht's: Bereiten Sie einige Aussagen oder Fragen zu Ihrem Thema vor, die den Eltern als Ausgangspunkt für eine Diskussion in der Kleingruppe (bis zu 6 Personen) dienen. Dann schreiben Sie jeden Satz mit dicken Filzstiften auf eine rot umrandete Moderations-Wolke oder auf ein Blatt Papier. Die Arbeitsregeln, die so genannte „Café-Etikette", legen Sie außerdem an jedem Tisch einmal aus.

Auf dem Papierbogen darf geschrieben werden. So entsteht schriftlich ein zwangloses Gespräch - ähnlich wie in einem Café.

Legen Sie an jeden Arbeitsplatz einer Kleingruppe eine Aussage oder Frage, und fordern Sie die Eltern auf, sich in den Kleingruppen über die These auszutauschen und Notizen zu machen. Pro Aussage haben die Eltern 10–15 Minuten Zeit, danach wandern sie zum nächsten Tisch und unterhalten sich über die nächste Aussage. Das wird so oft wiederholt, bis jede Gruppe alle Stationen besucht hat. Aus jeder Gruppe verbleibt immer eine Person am Tisch und erläutert den „Neuankömmlingen", was zuvor erarbeitet und besprochen wurde. Ideen und Impressionen zu der Fragestellung werden kreuz und quer auf eine Papiertischdecke (Stichwort „Café") oder einen großen Papierbogen geschrieben und können von jeder Gruppe ergänzt, mit Zeichnungen versehen oder weitergedacht werden. Abschließend werden Thesen und Gedanken, die auf den „Tischdecken" notiert wurden, im Plenum vorgestellt. Es kommt dabei nicht darauf an, dass jeder zu allen Themen etwas beiträgt. Wichtig ist vielmehr, dass ein Meinungsbild entsteht und Eltern untereinander ins Gespräch kommen.

15

> ## Café Etikette
>
> Jeder ist genau hier am richtigen Ort.
>
> Niemand hält mit seinem Wissen und seinen Ansichten hinterm Berg.
>
> Sprechen und Hören mit Herz und Verstand.
>
> Hinhören, um wirklich zu verstehen.
>
> Ideen verbinden und verlinken.
>
> Aufmerksamkeit auf tiefer gehende Fragen und neue Erkenntnisse richten und diese aufgreifen.
>
> Auf die Tischdecke kritzeln und malen!
>
> Spaß haben!

Tipp: Dieses Vorgehen eignet sich auch gut für die Arbeit mit Eltern verschiedener Muttersprachen. In der Kleingruppe kommen die Eltern leichter ins Gespräch und trauen sich eher, vor anderen zu sprechen. Sorgen Sie dafür, dass in jeder Gruppe ein Elternteil vertreten ist, der gegebenenfalls als Dolmetscher tätig sein kann.

Idee 4 Elternsicht erarbeiten mit provokanten Aussagen

Provokante Aussagen, zu denen die Eltern im Plenum oder in Kleingruppen Stellung beziehen sollen, sind eine schnelle und effektive Art, die Eltern zur Mitarbeit zu bewegen. Die Methode braucht außerdem wenig Vorbereitung und eignet sich für viele Fragestellungen.

So geht's: Sie können eine Aussage (*„Die Guten lernen von den Schlechten stets mehr als die Schlechten von den Guten"*) an die Tafel schreiben und im Plenum um Rückmeldungen dazu bitten. Oder Sie teilen die Eltern in Kleingruppen auf und fordern jede Gruppe auf, sich mit einer Aussage zu beschäftigen und die Ergebnisse anschließend zu präsentieren. Verschiedene Einstellungen und Argumente werden sichtbar, wenn Sie mit zwei gegensätzlichen Aussagen arbeiten (Z.B.: *„Kinder brauchen Noten, um ihre Leistungen realistisch einschätzen zu können"* – *„Ohne Noten lernen Kinder aus eigener*

Motivation und konzentrieren sich mehr auf ihre Stärken als auf ihre Schwächen"). Teilen Sie die Elternschaft in zwei Gruppen, und fordern Sie jede Gruppe auf, Argumente zu sammeln, die ihre jeweilige Aussage stützen – unabhängig davon, ob die Eltern der Aussage zustimmen oder nicht.

Provokante Beispielsätze zum Thema Fernsehen und Mediennutzung:

Fernsehen macht dumm.
Fernsehen entführt aus der Wirklichkeit.
Ohne Fernsehen wäre alles besser.
Fernsehen ist ein toller Babysitter.
Der Fernseher ist eine Droge im Wohnzimmer.

Bitten Sie die Eltern, in den Gruppen diese Aussagen zu diskutieren. Stimmen sie dem zu? Teilweise oder ganz? Was sind ihre Ideen und Lösungsvorschläge? Die Anregungen werden gut lesbar auf Moderationskarten oder Papierstreifen geschrieben und dann in der großen Gruppe vorgestellt. Dabei pinnt die Diskussionsleitung oder ein Mitglied der Gruppe die Ideen an die große Pinnwand, eine andere Person präsentiert. Anschließend findet eine Bewertung aller Karten statt.

Tipp:

Lassen Sie Lösungsvorschläge in Reimform schreiben! (*„Am Tag da bleibt die Glotze aus, da gehen wir ins Freie raus!"* oder *„Maus und Elefant machen uns mit allerlei bekannt"*). Das wirkt zunächst irritierend, macht aber viel Spaß und lockert die Atmosphäre. So vermeiden Sie den Eindruck vom erhobenen Zeigefinger ein Stück weit.

4 Die sechs Phasen des Elternabends

Idee 5 — Elternsicht erarbeiten mit dem Brainstorming

Im Gegensatz zu den bisher vorgestellten Möglichkeiten lässt sich das Brainstorming auch im Plenum durchführen. Es stellt eine exzellente Methode dar, wie Gruppen zu wirklich kreativen Ideen kommen können. So hat niemand später das Gefühl, Arbeitsergebnisse anderer Gruppen „untergeschoben" zu bekommen. Entwickelt wird ein „Wirbelsturm" der Ideen und Assoziationen, je mehr, desto besser. Aus dieser Fülle filtern Sie dann im zweiten Schritt gemeinsam die geeignete Lösung.

Ein Brainstorming macht immer dann Sinn, wenn Sie mit den Eltern gemeinsam Ideen entwickeln wollen. Also z.B. wenn es um die Planung des Klassenfestes geht, um die Klassenfahrt, eine Projektwoche o. Ä. Stellen Sie am besten erst kurz vor, wie ein Brainstorming funktioniert. Es gehört nämlich etwas mehr dazu, als das nur alle Anwesenden ihre Ideen in die Runde werfen. Statt die Mitarbeit aller zu erreichen, kann das Brainstorming dann zum großen Durcheinander werden, bei dem allenfalls einige brauchbare Ideen produziert werden, die dann aber mangels Durchführbarkeit schnell wieder vergessen werden. Weisen Sie darauf hin, dass Sie auch mit den Kindern solche Methoden benutzen (natürlich nur dann, wenn das auch zutrifft). Es kann hilfreich sein, die Brainstorming-Regeln an die Tafel zu pinnen.

Die vier wichtigsten Brainstorming-Regeln lauten:
1. Jede Idee ist willkommen!
2. Killerphrasen sind verboten!
3. Ergänze und verbessere bereits vorhandene Ideen!
4. Je ungewöhnlicher die Idee, desto besser!

So geht's: Ein Brainstorming lässt sich ideal mit bis zu 20 Personen durchführen. Eine Brainstorming-Session soll eher kurz sein, sonst laufen sich die Ideen tot. 30 Minuten stellen die Obergrenze dar. Anschließend müssen allerdings die Ideen noch bewertet und gegebenenfalls weiter bearbeitet werden.

Alle Teilnehmer sitzen im Kreis, ein Gesprächsleiter stellt „provozierende", spannende oder ungewöhnliche Fragen, um Ideen bei den Teilnehmern zu entzünden. Alles Gesagte wird für alle sichtbar auf dem Flipchart oder einem Großplakat notiert. An dieser Stelle des Ideensammelns darf nicht gewertet werden („*Das brauche ich gar nicht aufzuschreiben, das hat XY schon vor drei Jahren abgelehnt!*"). Generell gilt: Während des Brainstormings wird keine Kritik geäußert, Killerphrasen („*Das kann ja nie gutgehen!*", „*Wer soll das denn bezahlen?*", „*Dafür bleibt keine Zeit!*") und Diskussionen müssen ausbleiben. Wenn der Ideenfluss stockt, helfen Fragen, Perspektivwechsel oder Kommentare der Gesprächsleitung weiter. Alle Teilnehmer sind aufgerufen, nicht nur eigene Ideen zu äußern, sondern auch die der anderen aufzugreifen und weiterzuentwickeln. Dabei geht zunächst Quantität vor Qualität. Der Rotstift im Kopf soll jetzt noch gut verschlossen bleiben, nur so können neue Ideen freigesetzt werden!

Nach dem Brainstorming folgt die Auswertungsphase. Mit Hilfe folgender Fragen werden nun die Ideen sortiert:
1. Kann die Idee sofort umgesetzt werden?
2. Die Idee ist gut, muss aber ausgebaut werden.
3. Die Idee ist gut, aber schwierig oder gar nicht umzusetzen.

Ideen der ersten und zweiten Kategorie werden dann weiter bearbeitet, am besten in Kleingruppen. Ideen der dritten Kategorie werden notiert, aber zunächst nicht weiter bearbeitet. Es kann hilfreich sein, ein Foto der Mitschrift anzufertigen, um die Brainstorming-Ergebnisse zu protokollieren.

TOP Sonstiges/Verschiedenes

Oft nimmt der unscheinbare Punkt „Sonstiges" oder „Verschiedenes" den größten Raum ein. Kurz vor Schluss fallen den Teilnehmern auf einmal all die Punkte ein, die ihnen schon lange auf der Seele lagen. Oft haben diese Anliegen aber wenig mit dem Thema des Elternabends und seiner Intention zu tun. Sei es, weil es sich um Fragen zu einzelnen Kindern handelt, sei es, weil die angesprochenen Fragen zu weit führen oder bereits an anderer Stelle behandelt wurden.

Sie könnten deshalb versucht sein, „Sonstiges" einfach unter den Tisch fallen zu lassen. Tun Sie es bitte nicht – fehlen darf dieser Punkt auf keinen Fall auf der Tagesordnung. Unter „Sonstiges" lassen sich offene Fragen, die während des Elternabends auftauchen, erst einmal „parken". „Sonstiges" bietet Eltern die Option, ihre Anliegen doch noch vorzubringen, auch wenn sie sich vorher nicht so recht getraut haben. Und schließlich stehen hier all die Kleinigkeiten, die auf der Tagesordnung keinen eigenen Punkt beanspruchen können. Verzichten können Sie auf diesen Punkt allerdings bei Themen-Elternabenden. Im regulären Ablauf sollte der Punkt „Sonstiges" am Ende stehen, auch wenn oft Unruhe aufkommt, weil sich viele bereits auf das Ende der Veranstaltung eingestellt haben. Bei ausufernden Diskussionen ist es aber Aufgabe von

Klassenlehrer oder Elternvertreter, einzugreifen. Achten Sie darauf, dass nach maximal 10–15 Minuten der gesamte Tagesordnungspunkt abgeschlossen ist. Alle Themen, die mehr Zeit und Aufmerksamkeit brauchen, sind bei einem Folgetreffen besser aufgehoben.

Raum für Fragen aus der Elternschaft

Ebenso wie „Sonstiges" darf „Raum für Fragen" auf Ihrer Tagesordnung nicht fehlen. Im Idealfall haben sich alle Fragen im Verlauf des Abends ohnehin geklärt. Dennoch – geben Sie den Eltern die ausdrückliche Erlaubnis, hier noch das zu fragen, was ihnen nicht deutlich wurde oder was ihnen bislang fehlte. Verweisen Sie aber auch höflich und klar darauf, dass an dieser Stelle kein „neues Fass" mehr aufgemacht werden kann – schon aus Rücksicht auf die übrigen Teilnehmer.

Praxistipp: Elternfragen

„Wenn Fragen auftauchen, die ich im Moment zeitlich nicht beantworten mag, schreibe ich die auf eine Tafelhälfte und arbeite sie ganz zum Schluss durch. So wissen die Frager, dass ihre Antwort noch kommt, und ich vergesse die Fragen nicht. Meist beantworten sich diese Zwischenfragen nämlich sowieso in den nächsten Minuten meines Referats. Ich habe das auch schon so geregelt, dass ich die Eltern gebeten habe, Zwischenfragen bei einem Referat auf Notizzettel zu schreiben und bin die im Anschluss durchgegangen."

Methodenkompetenz: Gesprächsleitung sein

Ähnlich wie beim Brainstorming sind an Diskussionen im Plenum viele Eltern beteiligt. Gespräche und Diskussionen zu leiten, gehört beim Elternabend oft zu den Aufgaben der Klassenleitung. Überlegen Sie mit den Elternvertretern im Vorfeld, ob es Sinn macht, eine Rednerliste zu führen. Dafür kann z.B. einer der Elternvertreter bestimmt werden. Ein weiteres „Amt", das die Gesprächsleitung bei Bedarf vergeben kann und das ggf. entlastend wirkt, ist das des „Zeitwächters". Dieser achtet darauf, dass eine vorgegebene Beitragsdauer nicht überschritten wird. Beide Maßnahmen, Führen einer Rednerliste und Zeitwächter, sind vor allem entlastend, wenn Sie beim Elternabend das Brainstorming oder die Diskussion im Plenum als Methode einsetzen.

Als Gesprächsleitung müssen Sie

- darauf achten, dass alle Beiträge sich auf das Thema beziehen und sich die Elternschaft nicht zu sehr in Einzelaspekte verrennt,
- Ihre eigene Meinung zunächst zurückhalten und lieber die Eltern zu Wort kommen lassen,
- das Gesagte nicht bewerten (weder negativ noch positiv), sonst fühlen sich einzelne Personen zurückgesetzt,
- für eine sachliche Auseinandersetzung sorgen, auch wenn unterschiedliche Meinungen bestehen,
- darauf achten, dass Einzelne nicht zu viel reden, gegebenenfalls höflich unterbrechen,
- Nebengespräche verhindern, indem Sie die Teilnehmer höflich bitten, ihre Bemerkungen für alle hörbar zu äußern,
- Stichworte an Tafel oder Flipchart mitschreiben, damit der Ablauf der Diskussion sichtbar ist,
- zusammenfassen und bündeln („*Wir können an dieser Stelle schon festhalten, dass ...*"),
- eigene Stellungnahmen als solche deutlich machen („*Meine persönliche Meinung zu diesem Thema ist ...*", „*Ich spreche jetzt in meiner Rolle als Klassenlehrer und nicht als Diskussionsleitung.*").

Denken Sie daran: Das Ziel einer Diskussion ist es, dass die Eltern ihre Meinungen sagen und austauschen, weniger, dass Sie sich als kompetent präsentieren. Halten Sie sich deshalb hier mit Ihrem Fachwissen zurück. Ihr Input kommt an anderer Stelle.

Methodenkompetenz: Arbeitsmethoden für die Gruppenarbeit

Wenn Sie den Eltern beim Elternabend Raum lassen, eigene Ideen zu bestimmten Fragestellungen zu entwickeln oder ihre eigenen Erfahrungen zu rekapitulieren, geschieht das nicht zum Selbstzweck. Die Ergebnisse werden aufgenommen und weiter bearbeitet. Dabei helfen Ihnen Arbeitsmethoden, mit denen Sie

→ Gruppen einteilen,
→ Prioritäten sichtbar machen und
→ Ergebnisse präsentieren/ausstellen.

Gruppen einteilen

Gruppenarbeit ist eine exzellente Möglichkeit, den Ablauf eines Elternabends für kurze Zeit zu unterbrechen. In Kleingruppen tauschen sich Eltern aus, lernen sich besser kennen und arbeiten meist intensiver als in der großen Runde. Auch für alle, die in der deutschen Sprache nicht ganz sicher sind, ist diese Arbeitsweise gut geeignet. Wer mit wem zusammenarbeitet, das bestimmen Sie (oder die Elternvertreter). Natürlich können Sie ganz einfach von 1 bis 4 durchzählen und vorgeben, dass alle mit der gleichen Nummer zusammenarbeiten. Mit den folgenden Methoden teilen Sie die Arbeitsgruppen mit mehr Fantasie ein – probieren Sie es doch einfach mal aus!

Schöne Gegenstände auf ein Tablett legen und jeden Teilnehmer eines aussuchen lassen – gleiche Gegenstände arbeiten zusammen.

Hörmemory®
Füllen Sie leere Fotodosen (im Fachgeschäft nach leeren Döschen fragen) mit unterschiedlichen Inhalten. Verteilen und schütteln lassen – gleiche Geräusche arbeiten zusammen.

Gegenstände
Lassen Sie die Eltern aus einer Schale oder von einem Tablett schöne Gegenstände nehmen – Steine, Muscheln, Tannenzapfen … Zählen Sie die Gegenstände so ab, dass es passt und später alle Muscheln etc. zusammenarbeiten.

Geburtstagsweise

„Alle, die in den Monaten Januar bis März Geburtstag haben, alle von April bis Juni, von Juli bis September und in den letzten vier Monaten finden sich bitte zusammen." Mit dem Einteilen nach Geburtstagen haben Sie in null Komma nichts vier etwa gleich große Gruppen gebildet – und den Eltern jede Menge Gesprächsstoff geliefert.

Familie Meier

Bereiten Sie Lose vor, auf denen jeweils die Mitglieder einer Familie stehen: Vater, Mutter, Sohn, Tochter, Oma, Opa (die Anzahl der Familienmitglieder richtet sich nach der gewünschten Gruppengröße). Jedes Familienmitglied hat natürlich auch einen Nachnamen: Meier, Meyer, Maier, Mair, Mayer. Lose ausgeben und Familien finden lassen – das sorgt erst für Durcheinander und dann für viel Vergnügen!

Gruppen anleiten

Je genauer Sie vorgeben, was in den Gruppen geschehen soll, desto besser. Die meisten Menschen finden es hilfreich, einen Arbeitsauftrag zu erhalten, an den sie sich halten können. Auch verhindern Sie damit, dass die Kleingruppen vom Thema abschweifen. Formulieren Sie den Arbeitsauftrag nach Möglichkeit schriftlich, und geben Sie jeder Gruppe ihren Auftrag mit auf den Weg oder legen ihn an der entsprechenden Station aus.

Das sollten Sie außerdem beachten, wenn Sie Gruppenarbeit effektiv einsetzen möchten:

1. Seien Sie präsent. Während die Eltern in Gruppen arbeiten, haben Sie nicht frei. Gehen Sie gelegentlich von Gruppe zu Gruppe. Sie müssen nichts sagen, nur freundlich fragend schauen. Falls jemand eine Frage oder ein Problem hat, werden Sie sicher angesprochen.

2. Erklären Sie vorher, welchen Zweck die Gruppenarbeit hat und was mit den Ergebnissen passiert: „Ihre Erfahrungen sammeln wir im Anschluss und bewerten sie dann gemeinsam in der großen Runde."

3. Sorgen Sie dafür, dass es den Eltern in den Gruppen an nichts mangelt. Legen Sie Stifte, Papier, ausreichend Material etc. für alle bereit. Auch ein Teller mit Keksen und eine Flasche Wasser mit ausreichend Gläsern versüßt die Arbeit.

Die sechs Phasen des Elternabends

4. Verteilen Sie Aufgaben, bzw. delegieren Sie das an die Gruppe. *„Einer von Ihnen wird anschließend im Plenum von Ihrer Diskussion berichten. Einigen Sie sich bitte darauf, wer diese Aufgabe übernehmen mag."*

5. Machen Sie klare Ansagen bezüglich des Auftrags und der Zeitdauer.

6. Nehmen Sie die Ergebnisse ernst!

Tipp:

Wenn Sie eine Zeitansage machen, geben Sie lieber an, bis wann die Arbeitsphase dauern soll, als welcher Zeitraum zur Verfügung steht. Also lieber: *„Es ist jetzt 20.00 Uhr. Sie haben bis 20.30 Uhr Zeit für diese Aufgabe"*, statt: *„Sie haben eine halbe Stunde"*. So ist Ihre Ansage eindeutiger.

Prioritäten sichtbar machen

Handaufheben: Gemeinsam gearbeitet und jetzt sollen die Ergebnisse bewertet oder das weitere Vorgehen festgeklopft werden? Am einfachsten geht die Abstimmung per Handaufheben: *„Alle, die dafür sind, heben jetzt die Hand"*.

Punkten: Um ein Meinungsbild etwas dauerhafter sichtbar zu machen, können Sie das Handheben durch Klebepunkte ersetzen. Jeder Teilnehmer erhält einen oder mehrere Klebepunkte (Faustregel: Halb so viele Punkte wie zu bewertende Themen). Nach einer vorgegebenen Frage – *„Das ist mir besonders wichtig"*, *„Damit wollen wir beginnen"* - verteilt dann jeder seine Punkte.

Standort finden: Ganz ohne Material kommt die soziometrische Abfrage aus. Vorteil: Damit bringen Sie die Eltern in Bewegung. Bitten Sie die Eltern, sich kurz zu erheben und je nach Standpunkt einen Ort im Raum einzunehmen. *„Alle, die dafür sind, dass unsere diesjährige Klassenfahrt in den Harz geht, stellen sich ans Fenster, diejenigen, die für die Ostsee sind, stellen sich an die Tür."*

Je nach Fragestellung können Sie zwei, drei oder vier Orte angeben. Mehr lieber nicht, sonst wird's schnell chaotisch! Lassen Sie die Eltern an ihren ausgewählten Orten stehen und befragen einige kurz zu ihrem Standort, so wird das Meinungsbild für alle noch aussagekräftiger.

Ergebnisse präsentieren

Gruppenarbeit ist keine Beschäftigungstherapie. Dazu ist die Zeit beim Elternabend auch viel zu kostbar. Wenn Sie sich dafür entscheiden, die Eltern in Kleingruppen zu schicken, müssen deshalb die Ergebnisse unbedingt Teil der weiteren Arbeit sein bzw. allen zugänglich gemacht werden. Fordern Sie dazu jede Kleingruppe auf, ein Mitglied zum Präsentieren auszuwählen, wenn Sie den Arbeitsauftrag vergeben. Je nach Inhalt kann selbstverständlich vom Platz aus präsentiert werden, damit nehmen Sie den Müttern oder Vätern die Angst, exponiert vor einer großen Gruppe stehen zu müssen.

In welcher Form präsentiert wird, hängt von Art und Inhalt der Gruppenarbeit ab. Hilfreich ist in jedem Fall, wenn zum mündlichen Bericht eine visuelle Darstellung kommt. Das kann schnell und unkompliziert in Form von Stichworten oder vorbereiteten Kärtchen an der Tafel geschehen. Stichwortkarten können auch auf dem Fußboden ausgelegt werden, wenn die Teilnehmer im Stuhlkreis sitzen.

Eine etwas aufwändigere, aber schöne und wertschätzende Form, die Gruppenarbeit zu präsentieren, stellt die Ausstellung dar. Gestalten Sie die Präsentation der Gruppenarbeiten als „Wanderausstellung". Die Kleingruppen sollen dafür ihre Ergebnisse auf großen Papierbögen visualisieren – als Collage, Bild oder Stichworte. Die Bögen werden an den Wänden im Klassenzimmer, auf dem Flur oder anderswo aufgehängt. Zur gemeinsamen Besichtigung gehen alle Teilnehmer von Plakat zu Plakat. Jede Gruppe stellt ihre Arbeitsergebnisse vor, dann wandern alle weiter zum nächsten Ausstellungsobjekt.

Wenn Sie die Eltern bereits etwas besser kennen und einmal etwas Neues wagen möchten, regen Sie eine noch kreativere Form der Präsentation an. Viel Spaß macht nach anfänglichem Zögern die Präsentation in Reimform, als Standbild, als Pantomime, als Sketsch oder mittels der 120-Sekunden-Regel (siehe S. 104). **Auch hier gilt:** Fordern Sie nur zu solchen Techniken auf, mit denen Sie selbst arbeiten würden.

Übrigens:

Eine solche Präsentation können Sie gut mit der Digitalkamera dokumentieren. Sie (und diejenigen, die nicht dabei waren) werden einige Tage oder Wochen später staunen, welche kreativen Ideen entwickelt wurden.

4 Die sechs Phasen des Elternabends

Methodenkompetenz: Moderationsmethode

Die Moderationsmethode ist eine effektive Möglichkeit, Gruppen zum gemeinsamen Arbeiten anzuleiten. Für den Elternabend eignen sich etliche Arbeitsschritte dieser Methode. Im Folgenden ist ein typischer Ablauf einer Moderation beschrieben, den Sie komplett oder in Teilschritten umsetzen können. Der Zeitbedarf liegt bei etwa zwei Stunden, deshalb eignet sich die Methode eher für Themen-Elternabende als für solche, bei denen viele verschiedene Informationen auf der Tagesordnung stehen. Jeder Schritt kann jedoch auch für sich durchgeführt werden und sorgt dafür, die Eltern aktiv in den Elternabend einzubinden.

Phase des Elternabends	Instrument/ Methode	Ziel	Dauer
Einstieg/ Anwärmen	Blitzlicht: „Mein Name und was mir auf dem Weg hierher durch den Kopf gegangen ist …"	Ankommen, Vorstellen	je ca. 10 Minuten
	Erwartungsabfrage (Impulsfrage): „Heute Abend möchte ich unbedingt erfahren …"	Standpunkt / Wünsche klären, gutes Arbeitsklima	
	Ein-Punkt-Frage: „Wie geht es Ihrem Kind in der Klasse (auf einer Skala von gut bis schlecht)?"	Hinführung zum Thema	
Sammeln	Karten-Abfrage „Zum Klassenfest gehören für mich …" mit anschließendem Clustern. Evtl. Überschiften für die Cluster finden	Aspekte, die aus Sicht der Gruppe wichtig sind, zusammentragen und gewichten	15 Minuten

Die sechs Phasen des Elternabends

Auswählen	Punkten der Cluster Themen nach Wichtigkeit sortieren (Themenspeicher)	Schwerpunkte finden, Themen präzisieren, Reihenfolge der Bearbeitung festlegen	10 Minuten
Themenbearbeitung	Szenario mit 2, 3 oder 4 Feldern: Wie ist es? Wie soll es sein? Was brauchen wir dafür? Was wollen wir als Erstes tun?	Probleme analysieren, Lösungswege finden, erste Schritte definieren	45 Minuten
Maßnahmenplan	Handlungsplan	Festlegen von Maßnahmen und Zuständigkeiten	25 Minuten
Abschluss/ Verabschiedung	Blitzlicht: „Wie ich jetzt nach Hause gehe …", Stimmungsbarometer	Abschluss	15 Minuten

So kann ein Szenario-Bogen aussehen. Das Beispiel entstand während einer Fortbildung zum Elternabend.

 14

Elternabend in der Grundschule

Phase 5: Ergebnisse sichern

Bevor nun alle zufrieden nach Hause gehen, empfiehlt sich noch ein letzter Arbeitsschritt. Was besprochen und beschlossen wurde, soll für alle sichtbar und verbindlich festgehalten werden. Denken Sie daran: Die Verarbeitungsgeschwindigkeit der Eltern ist zu später Stunde ohnehin begrenzt. Außerdem befinden sie sich beim Elternabend in einer ungewohnten Situation, die schon einen guten Teil ihrer Aufmerksamkeit beansprucht. Damit nichts von dem, was erarbeitet oder präsentiert wurde, einfach „hinten runterfällt", sollten alle Teilnehmer etwas mit nach Hause nehmen können.

→ Die Ankündigung, dass in den nächsten Tagen ein (kurzes!) Protokoll per E-Mail verschickt wird. Besprechen Sie mit den Elternvertretern, wer Protokollführer sein soll, und stellen ein entsprechendes Arbeitsblatt zur Verfügung.[19]

→ Ein Handout, in dem die wichtigsten Punkte des Inputs zusammengefasst sind („So helfen Sie Ihrem Kind richtig bei den Hausaufgaben", „Lernen lernen – das hilft Ihrem Kind", „Anregungen für den Umgang mit Internet, Smartphone & Co.").

→ Einen kurzen Fragebogen, mit dem die Zufriedenheit der Eltern und Wünsche für den nächsten Elternabend abgefragt werden.

Tipp:

Etwas Schriftliches hilft nicht nur der Erinnerung. Es wertet auch die Veranstaltung auf, schafft etwas „Verbindliches" und signalisiert: „Das hier ist wichtig".

Der Handlungsplan

Vor allem wenn beim Elternabend konkrete Aktionen, wie ein gemeinsames Fest, Verschönerung von Klassenräumen o. Ä., geplant wurden, kann ein Handlungsplan[20] hilfreich sein. Es handelt sich um eine Art Kurzprotokoll in Tabellenform, in dem konkret festgehalten wird, auf welche Schritte sich die Anwesenden geeinigt haben, wer zuständig sein soll und in welchen

Die sechs Phasen des Elternabends

Zeitabschnitten bestimmte Aufgaben erledigt werden sollen. Den Handlungsplan erstellen Sie gemeinsam mit den Eltern, am besten schon während das Thema diskutiert wird oder direkt im Anschluss daran. Er enthält in der Regel diese Felder:

Was – Hier stehen alle Maßnahmen oder Aufgaben, die erledigt werden sollen. Füllen Sie diese Spalte zuerst aus, und listen Sie alle gesammelten Punkte untereinander auf. Themen, die zusammengehören, werden am besten gleich zusammengeschrieben. Angenommen, Sie planen mit den Eltern zusammen ein Klassenfest, gehören also die Punkte „Getränke kaufen", „Würstchen zum Grillen besorgen" und „Salatbüfett organisieren" zusammen.

Wer – Hier stehen die Namen derjenigen, die für eine Aufgabe zuständig sind. Wichtig: Tragen Sie nur Personen ein, die anwesend sind oder von denen Sie definitiv wissen, dass sie bereit sind, eine Aufgabe zu übernehmen. Gruppen verteilen gern Arbeiten an nicht Anwesende (*„Frau Meier macht das sicher wieder, sie war auch in den letzten Jahren immer dabei"*) und ärgern sich dann darüber, wenn das Delegieren nicht funktioniert. Wenn tatsächlich der- oder diejenige nicht anwesend ist, die sonst immer eine bestimmte Aufgabe übernommen hat, kann der Eintrag hier vielleicht lauten: *„Frau Schmidt fragt Frau Meier, ob sie wieder am Grill stehen kann."*

Wie – Bei komplexen Tätigkeiten oder solchen, bei denen Unsicherheit herrscht, ist es sinnvoll, auch das „Wie" zu definieren. Wenn z.B. die Aufgabe „Kontakt zur Presse" heißt, kann hier festgelegt werden, ob man besser anruft, einen Brief schreibt oder per Mail informiert. Je konkreter eine Aufgabe beschrieben ist, desto wahrscheinlicher ist die Umsetzung!

Bis wann? – Dieses Feld ist wichtig! Es enthält eine realistische Einschätzung, bis zu welchem Zeitpunkt die Aufgabe erledigt sein soll. Versuchen Sie, Aufgaben in überschaubare Einheiten aufzuteilen, die sich in absehbaren Zeitabschnitten erledigen lassen. Die Einzelpunkte „Getränke kaufen", „Grillfleisch bestellen" und „Salatbüfett organisieren" können besser umgesetzt werden als ein pauschales „Essen und Getränke".

Bemerkungen – Hier tragen Sie alles Weitere ein, das wichtig sein könnte. Das kann z.B. sein, was geschieht, wenn etwas nicht funktioniert, an wen berichtet wird, wie alle vom Stand der Dinge erfahren etc.

Die sechs Phasen des Elternabends

Handlungsplan auf einen Blick

→ Zuerst alle Aufgaben in der Was-Spalte sammeln.
→ Dann die übrigen Spalten nacheinander quer ausfüllen.
→ Nur Anwesende in die Wer-Spalte eintragen.
→ Konkrete Termine und Absprachen in die Bis wann-Spalte.

Phase 6: Den Abschluss gestalten

Rund zwei Stunden hat der Elternabend gedauert. Mit den Elternvertretern haben Sie den Abend vorbereitet, gemeinsam mit der Elternschaft wurde diskutiert und gearbeitet. Nun neigt sich der Abend seinem Ende zu. So machen Sie deutlich, dass jetzt Schluss ist, und setzen einen guten Schlussakzent:

Zusammenfassen

Zum Ende fassen Sie den Abend in einigen kurzen Worten zusammen. Schön, wenn Sie an dieser Stelle noch einmal auf Ihre Einführung zurückkommen können (*„Zu Beginn dieses Elternabends haben wir das Lied „Elternabend" von Reinhard Mey gehört. Ich hoffe, für Sie alle war dieser Abend tatsächlich erlabend …"*).
Die Zusammenfassung hilft den Eltern, das Erarbeitete zu rekapitulieren und zu behalten. Nicht zuletzt macht es deutlich: Der Abend ist zu Ende!

Ausblick geben

Nach dem Elternabend ist vor dem Klassenfest, der Klassenfahrt, der Einführung neuer Lehrplaninhalte etc. Weisen Sie auf alle konkreten Vorhaben noch einmal deutlich hin, machen Sie klar, welche Ergebnisse erarbeitet wurden und was nun damit geschieht (*„Heute sind wir einen großen Schritt weiter gekommen. Wir haben eine ganze Reihe von Ideen gesammelt, wie Sie Ihre Kinder beim Lesen Lernen zu Hause unterstützen können. Bitte beobachten Sie doch, wie Sie diese Ideen im Alltag umsetzen können. Beim nächsten Elternabend werden wir über Ihre Erfahrungen sprechen."* So gehen die Eltern mit dem guten Gefühl nach Hause, etwas erreicht zu haben.

Die sechs Phasen des Elternabends

Eindrücke abfragen

Haben Sie beim Elternabend Methoden aus diesem Buch umgesetzt? Wenn Sie mögen, fragen Sie die Eltern nach ihren Eindrücken: *„Ihnen ist sicher aufgefallen, dass dieser Elternabend sich von den letzten Veranstaltungen unterschieden hat. Wie hat Ihnen der praktische Teil zu Beginn gefallen? Wie ging es Ihnen allgemein heute Abend in dieser Runde?"* Bei dieser Gelegenheit können auch Themenwünsche fürs nächste Mal, Terminvorschläge und weitere Anregungen abgefragt werden. Eine Möglichkeit dafür stellt ein kurzer Fragebogen dar, eine andere der „Wunschbaum".

Idee:

Themenvorschläge können Sie jetzt auch per Zuruf sammeln. Schreiben Sie alle Vorschläge auf einen großen Bogen Papier und hängen diesen neben die Tür. Verteilen Sie Klebepunkte an alle Eltern (Faustregel: halb so viele Punkte wie Themen), und fordern Sie dazu auf, beim Hinausgehen die Themen mit Punkten zu kennzeichnen, an denen man besonders interessiert wäre. So entsteht schnell und anonym ein gutes Meinungsbild.

Blitzlicht

Nicht bei jedem Elternabend werden Zufriedenheit, Themenvorschläge etc. explizit abgefragt. Eine kurze Feedbackrunde sollten Sie dennoch einplanen. Bitten Sie die Eltern um ein kurzes Statement („Blitzlicht") zum Elternabend. Hilfreich für die Konzentration ist es, die Frage oder einen Satzanfang schriftlich vorzubereiten und an die Tafel zu pinnen, z.B.:

→ *„Vom heutigen Elternabend nehme ich mit …"*
→ *„Wie ich jetzt nach Hause gehe …"*

Tipp:

Setzen Sie auch für die Blitzlichtrunde Elemente aus dem Schulalltag ein. Sie können z.B. einen Redestein herumgehen lassen, den Eltern rote oder grüne Meinungskarten austeilen oder als Redesignal einen kleinen Ball werfen lassen.

4 Die sechs Phasen des Elternabends

Dank an die Helfer

Ein Dankeschön an alle, die geholfen haben, ist selbstverständlich und kommt immer gut an. Danken Sie auch den Eltern für ihre Zeit und Aufmerksamkeit, schließlich haben auch sie bereits einen langen Arbeitstag hinter sich und verdienen Anerkennung und Wertschätzung für ihre Beteiligung.

Geselliges Beisammensein

Anschließend können Sie, falls gewünscht, zum geselligen Teil des Abends überleiten. Ob vor Ort in der Schule oder im Café oder Gasthaus nebenan, sollten Sie mit den Eltern besprechen. Gegebenenfalls können Sie vorschlagen, fürs nächste Mal einen Raum zu reservieren, der groß genug für alle ist, oder den nächsten Elternabend gleich in anderen Räumen stattfinden zu lassen. Übrigens: Wenn das Zusammensein im Klassenraum oder Lehrerzimmer fortgesetzt wird, wird Ihnen niemand eine klare Zeitansage übelnehmen. Damit verhindern Sie gleich zu Beginn, dass sich einige festreden.

> Die sechs Phasen
> des Elternabends

4

Auf einen Blick:
Methodische Bausteine für den Elternabend

Einstieg ins Thema:
- ✔ Provokante Thesen
- ✔ Impulssätze, Fragebogen
- ✔ Bilder
- ✔ Film
- ✔ Audio-Aufnahmen
- ✔ Ausstellungen von Arbeitsmaterialien oder Arbeitsbeispielen
- ✔ Geschichte, Anekdote

Informationen vermitteln:
- ✔ Referat / Vortrag
- ✔ Film
- ✔ Plakat
- ✔ Sketsch
- ✔ Präsentation
- ✔ moderiertes Podiumsgespräch
- ✔ Handout
- ✔ Thesenpapier

Informationen vertiefen:
- ✔ Diskussion im Plenum
- ✔ Brainstorming
- ✔ Gruppenarbeit
- ✔ Workshops
- ✔ Murmelphase (mit dem Nachbarn austauschen)
- ✔ eigenes Erleben

Ergebnisse festhalten:
- ✔ moderierte Diskussion im Plenum
- ✔ Zusammenfassen
- ✔ Ergebnisse festhalten und bewerten (z.B. Punkten)
- ✔ Protokoll
- ✔ Handlungsplan

4 Die sechs Phasen des Elternabends

Beispiele aus der Praxis 5

5 Beispiele aus der Praxis

Auf den folgenden Seiten finden Sie Anregungen, wie Sie Elemente eines anregenden Elternabends in der Praxis einsetzen können. Die Ideen beziehen sich auf Schwerpunkte von Elternabenden, die Sie sicher aus Ihrer eigenen Berufspraxis kennen. Methoden und Anregungen lassen sich aber auch auf andere Themen und Inhalte übertragen. Bewusst werden keine kompletten Abläufe vorgestellt. Stattdessen finden Sie thematische Bausteine, die in jeden Elternabend integriert werden können und die immer noch Zeit für die Standardpunkte, wie „Situation der Klasse", „Was kommt?" und „Verschiedenes", lassen.

In der „Ideenkiste" sind aktivierende Bausteine zu allen Phasen des Elternabends zusammengefügt. Für ausgewählte Themen vom „Schulstart" bis zur „Medienkompetenz" finden Sie auf den folgenden Seiten thematische Bausteine zur Information oder Aktivierung.

→ Schwerpunktthema „Schulstart mit Wahl der Elternvertreter"
→ Schwerpunktthema „Leseförderung"
→ Schwerpunktthema „Schulalltag"
→ Schwerpunktthema „Hausaufgaben"
→ Schwerpunktthema „Benotung"
→ Schwerpunktthema „Richtig lernen"
→ Schwerpunktthema „Medienkompetenz"

Ideenkiste – kurz und knackig für jeden Elternabend

Sitzplan: Zusammen mit den Namensschildern einen Sitzplan vorbereiten und auslegen – so können sich die Eltern an den Platz ihres Kindes setzen. Finden viele Eltern spannend!

Neue begrüßen: Im Laufe der vier Jahre Grundschulzeit kommen immer wieder neue Schüler in die Klasse. Stellen Sie die dazugehörenden Eltern beim nächsten Elternabend vor und begrüßen sie in der Klassenelternschaft – das unterstützt die Gemeinschaft.

Viele Grüße: Alle Eltern freuen sich über eine Nachricht vom eigenen Kind. Legen Sie Hefte der Kinder am Sitzplatz der Eltern aus, bereiten Sie Audio-

oder Video-Botschaften vor, schreiben Sie mit den Kindern einen Brief, bieten Sie selbstgebackene Kekse aus der Koch-AG an oder lassen die Kinder Blumensträuße aus dem Schulgarten pflücken (alternativ: eine Blume pressen).

Schüler-Umfrage: Führen Sie eine Umfrage unter den Kindern durch, wenn ein thematischer Elternabend ansteht. Dazu reicht ein Blatt Papier, auf dem ein Satzanfang steht („Bald fahren wir auf Klassenfahrt. Das finde ich …, weil …"), oder ein kurzer Fragebogen. Die Ergebnisse bzw. Auswertung sind ein toller Einstieg in das Thema, der garantiert die Aufmerksamkeit aller Eltern weckt.

Hausaufgaben-Symbole üben: In vielen Klassen wird mit Symbolen fürs Hausaufgabenheft gearbeitet. Die Eltern sollten diese Zeichen ebenfalls kennen. Als Handout vorbereiten oder an die Tafel zeichnen und raten lassen, was welches Zeichen bedeutet. So gehen Sie sicher, dass alle Eltern mal genau hinschauen.

Auflockern: Einfach mal für zwischendurch – kleine Praxisübungen zum Auflockern und Warmwerden sorgen für gute Stimmung: Elfchen oder Haiku schreiben, gemeinsames Lied singen, Assoziationen zu Bildern sammeln (schult die Fantasie!)

Immer wieder spannend: Ein Tisch mit Schülerarbeiten: Hefte, Arbeitsblätter, Produkte aus dem Kunstunterricht, Plakate etc. Zeigt den Eltern praktisch, was in den letzten Wochen passiert ist.

Zum Einstieg und/oder Abschied ein Klassenritual, wie Begrüßungslied, Geburtstagsritual o. Ä., mit den Eltern durchführen. Falls weitere typische Elemente, wie akustische Signale, Lärmampel o. Ä., benutzt werden, auch diese in den Elternabend einbinden.

Lärmampel: Arbeiten Sie in der Klasse mit einer Lärmampel oder einem anderen Instrument gegen Lautstärke? Demonstrieren Sie das beim nächsten Elternabend – nicht nur einmal kurz, sondern während der ganzen Zeit! Damit zeigen Sie nicht nur die Methode, sondern machen den Eltern auch unmittelbar deutlich, dass es gar nicht leicht ist, in einer Gruppe über einen längeren Zeitraum den Lärmpegel niedrig zu halten!

Bewegungsspiele: Kommt Unruhe auf? Dann ist Zeit für eine kurze Pause – oder für ein Bewegungsspiel! Schaffen Sie die Verbindung zu den Kindern, dann machen die Eltern gern mit, ohne sich brüskiert zu fühlen: „Ich merke, dass eine gewisse Unruhe aufkommt. Ihren Kindern geht das oft ähnlich, meist im Zeitraum von ... bis ... Lassen Sie uns gemeinsam ausprobieren, ob Ihnen auch hilft, was den Kindern dann immer viel Spaß macht und sie wieder etwas runterbringt." Leiten Sie nun zum Bewegungsspiel o.Ä. über (z.B. „Head and Shoulders").

Fitness fürs Gehirn: Kurze Aktivierungen für zwischendurch gelingen Ihnen z.B. mit folgenden Übungen:

a) **Liegende Acht:** Mit den Armen auf Kopfhöhe eine liegende Acht „malen", die Taille der Acht befindet sich etwa auf Nasenhöhe. Dazu stehend den rechten Arm nach vorn ausstrecken und mit dem Daumen nach links oben beginnend langsam eine liegende Acht in die Luft malen (3- bis 5-mal), dann die Hand wechseln, zuletzt mit beiden Händen gemeinsam. Verbessert das Sehen, die Augenbeweglichkeit, die Zusammenarbeit der Augen, Balance und Koordination. Entspannt Augen, Nacken und Schulter.

b) **Denkmütze:** Ohren, von oben beginnend, leicht zupfen und nach außen „aufrollen". Dazu liegt der Daumen vorn, die übrigen Finger hinter dem Ohr. Man arbeitet vom oberen Rand bis hinunter zum Ohrläppchen. Verbessert Aufmerksamkeit, Gedächtnis, Denken, Hören, Sprechen, Singen, Rechtschreiben, Musizieren, Atmung. Entspannt Kiefer, Zunge, Gesicht.

c) **Fingeratmung:** Fingerkuppen aneinanderlegen. Nun erst die Daumen fest zusammenpressen, entspannen, dann der Reihe nach die übrigen Finger immer zusammenpressen und dann entspannen. Im zweiten Durchlauf mit der Atmung kombinieren: Einatmend zusammenpressen, ausatmend lösen.

Zum Abschluss:
Einrichten einer Elternkartei. Wünsche für die nächsten Elternabende als Früchte am Wunschbaum sammeln.

Schwerpunktthema: „Schulstart mit Wahl der Elternvertreter"

„Willkommen in der Grundschule"

Darum geht's:
Der erste Elternabend findet ca. vier bis sechs Wochen nach Schulstart statt. Da noch keine Vertreter der Elternschaft gewählt werden konnten, lädt der Klassenlehrer zu diesem Termin ein. Auf der Tagesordnung stehen Kennenlernen, die Wahl der Elternvertreter, aber auch viele Informationen für die Eltern der Schulanfänger. Für Mütter und Väter gehört der erste Elternabend zu den wichtigsten Schulveranstaltungen. Für sie ist jetzt, ebenso wie für ihre Kinder, alles neu. Das sollten Sie bei der Planung berücksichtigen.

Vorbereitung:
- Orientierung durch Schild am Eingang, Wegweiser etc. (nur beim ersten und zweiten Elternabend notwendig)
- Namensschilder im Unterricht basteln und mit Nachnamen beschriften. Alternativ: Vorhandene Namensschilder der Kinder verwenden! Ggfs. Kreppklebeband oder kleine Holzklammern zum Befestigen bereitlegen.
- Diashow mit Fotos aus dem Schulalltag der Kinder (Beamer anfordern und einrichten oder Whiteboard benutzen)
- Klassenzimmer dekorieren (Papierservietten, Kerze oder Blumen etc.), Knabbereien und Getränke auf die Tische stellen
- Informationen für die neuen Elternvertreter bereitlegen
- Handout mit den wichtigsten Ansprechpartnern, Telefonnummern, Terminen vorbereiten
- Falls vorhanden: Schulbroschüre
- Anwesenheitsliste
- Protokoll-Vordruck
- Helferliste oder vorgefertigte Blätter für eine Eltern-Kartei
- Tagesordnung visualisieren

Tagesordnung:
1. Begrüßen und Kennenlernen
2. Bericht zur Situation der Klasse
3. Ausblick auf die nächsten Wochen

4. Wo ist was? Informationen zu unserer Schule
5. Wahl der Elternvertreter
6. Abschluss und geselliges Beisammensein

Beim Ankommen:
Begrüßen Sie die Eltern persönlich beim Ankommen, und fordern Sie sie auf, sich in die Anwesenheitsliste einzutragen und ihr Namensschild zu nehmen und anzuheften. Im Klassenraum läuft während der Ankommphase eine Diashow mit Bildern aus Unterricht, Pause, Sportunterricht etc. Die Sitzordnung ist nach Möglichkeit als „U" gestaltet.

Begrüßung (5 Minuten):
Beim ersten Elternabend stellen Sie sich vor und geben einen kurzen Abriss über den Verlauf des Abends. Hilfreich dafür ist eine visualisierte Tagesordnung mit ungefähren Zeitangaben.

Das Vorstellen Ihrer Person ist beim ersten Elternabend wichtig – schließlich möchten die Eltern gerne wissen, mit wem sie es für die nächste Zeit zu tun haben. Wie sehr Sie ins Detail gehen, bleibt Ihnen überlassen. Nur so viel: Spannend ist für die Eltern alles, was die Kinder betrifft. Also erzählen Sie lieber über Ihren beruflichen Werdegang, Ihre Erfahrungen und vielleicht darüber, warum Sie den Lehrerberuf ergriffen haben, als über private Hobbys. Auch die Frage, ob Sie Kinder haben oder nicht, ist für viele Eltern von Interesse.

Kennenlernen (10–15 Minuten):
Eine Kennlernrunde sollten Sie bei diesem Termin unbedingt einplanen (s. S. 69 ff.). Gut geeignet sind Methoden wie das ABC-Spiel, bei denen Eltern sich in Verbindung mit ihren Kindern bringen. Das erleichtert es den übrigen Anwesenden, ihre Sitznachbarn mit dem in Beziehung zu setzen, was sie aus den Erzählungen der Kinder (vielleicht) bereits wissen.

Idee:

Stellen Sie den Eltern jetzt auch die Klasse vor! Werfen Sie per Beamer ein Bild der Klasse an die Wand, und sprechen Sie kurz über Ihre Eindrücke von der Klasse. Danach können sich die Eltern beim Vorstellen gut auf ihr Kind beziehen und alle haben einen plastischen Eindruck von dieser neuen Gemeinschaft.

Info-Teil 1 (ca. 30 Minuten) –
Bericht zur Situation der Klasse und Organisatorisches:

Nach diesem Anfang wissen die Eltern bereits allerhand übereinander und über ihre Kinder. Jetzt sind sie offen für Informationen und erwarten diese sicher auch. Beim ersten Elternabend haben Sie sicher eine ganze Liste mit organisatorischen Punkten, die abgearbeitet werden will. Häufig müssen noch Formblätter und andere Informationen verteilt werden. Ausfüllen sollten die Eltern diese Bögen aber im Anschluss oder zu Hause, damit die Aufmerksamkeit nicht allzu sehr leidet. Beenden Sie diesen Punkt mit einem kurzen Überblick auf die kommenden Wochen und das, was darin auf die Kinder zukommen wird.

Info-Teil 2 (ca. 30 Minuten) – Die Schule:

Jetzt stellen Sie die Schule vor, z.B. mit einem virtuellen Rundgang, den Sie als PowerPoint-Präsentation vorbereitet haben. Gezeigt werden alle Stationen vom Klassenraum über Flure, Toiletten, Fachräume, Sporthalle, Pausenhof, Sekretariat, Kantine etc., die von den Kindern genutzt werden. Anhand der Bilder können eine Vielzahl von Informationen weitergegeben werden, die als bloße Auflistung ermüdend wären. Achten Sie darauf, erst kurz das Bild wirken zu lassen, bevor Sie sprechen, das erleichtert die Informationsaufnahme. Viele Eltern werden sich auch Notizen machen und sind für ein gemäßigtes Tempo dankbar.

Alternativ können Sie die Räumlichkeiten natürlich auch „live" in einem Rundgang besichtigen. Das bringt die Eltern in Bewegung und macht sie wach, außerdem ist es anschaulicher als eine Präsentation. Alle wichtigen Informationen (Zeiten, Ansprechpartner, Leitbild der Schule etc.) erhalten die Eltern in Schriftform. Bereiten Sie hierfür ein Handout vor, oder geben Sie die Schulbroschüre aus.

Wahl der Elternvertreter (30 bis 45 Minuten):

Beim ersten Elternabend der Klassen 1 und 3 werden in der Regel die Elternvertreter gewählt. Speziell in der Grundschule sind Eltern nicht unbedingt mit den Aufgaben der Elternsprecher vertraut. Es sind oft die Eltern mit älteren Geschwisterkindern und Schulerfahrung, die bereit sind, dieses Amt zu übernehmen. Laden Sie nach Möglichkeit ein Mitglied des Schulelternrates ein, über die Arbeit dieses Gremiums, die Aufgaben der Elternvertreter und das Prozedere der Wahl zu sprechen. Sprechen Sie mit Ihrem Co-Referenten ab, ob Sie während der Wahl im Klassenraum bleiben oder ob die Eltern dabei unter sich sein sollten.

Beispiele aus der Praxis

So wird die Wahl der Elternvertreter vorbereitet:

→ Ordnungsgemäße Einladung feststellen (in der Regel muss die Einladung eine bis zwei Wochen zuvor schriftlich oder „in anderer geeigneter Form" ergehen).

→ Anwesenheitsliste herumgehen lassen, um die Anzahl der Stimmberechtigten zu bestimmen. Sinnvoll ist an dieser Stelle der Hinweis, wer nach dem Schulgesetz wahlberechtigt und wählbar ist und dass in der Regel keine notwendige Mindestanzahl von Wahlberechtigten anwesend sein muss. Auch mit wenigen Anwesenden lässt sich also die Elternvertretung wählen.

→ Vorschläge sammeln (oder Freiwillige) für das Amt des Wahlleiters und des Schriftführers.

→ Wahlleiter und Schriftführer durch Abstimmung wählen lassen. Vorsitz an den Wahlleiter abgeben. Dieser erhält: Anwesenheitsliste, Abstimmungszettel, Formblatt: Niederschrift zur Wahl/Wahlniederschrift. Die Niederschrift enthält i.d.R. den Verweis auf die Anwesenheitsliste, die Feststellung der Beschlussfähigkeit sowie die Stimmzahl der Wahlberechtigten, alle Wahlvorschläge und Wahlergebnisse und den Wortlaut sonstiger Beschlüsse.

→ Der Wahlleiter sammelt Vorschläge (oder Freiwillige) für das Amt des Elternvertreters und des Stellvertreters (an dieser Stelle sollte darauf hingewiesen werden, dass auch Wahlleiter und Schriftführer wählbar sind!). In einigen Bundesländern werden auch zwei Stellvertreter gewählt, in anderen nur die Elternvertreter. Auch erfolgt in einigen Ländern direkt im Anschluss an die Elternvertreter-Wahl die Wahl der Vertreter für die Klassenkonferenz. Die Genannten werden gefragt, ob sie sich zur Wahl stellen, dann schreibt der Wahlleiter ihre Namen an die Tafel.

→ Durchführen der Wahl von Elternvertreter und Stellvertreter(n).

Die eigentliche Wahl, die Anzahl der gewählten Vertreter, geheime oder offene Wahl und weiteres Vorgehen, selbst die Bezeichnung der Elternvertreter unterscheiden sich von Bundesland zu Bundesland.

Zum Abschluss:

Gratulieren Sie den gewählten Vertretern der Klasse. An sich übernimmt ab dem Zeitpunkt der Wahl der neue Elternratsvorsitzende die Leitung des Elternabends. In der Praxis scheint es aber sinnvoll, wenn Sie diesen Abend abschließen. Sie können das Thema jedoch ruhig ansprechen, vielleicht legt der ein oder andere „alte Hase" auch Wert darauf. In jedem Fall ist hilfreich, wenn Sie jetzt eine schriftliche Zusammenfassung der Rechte und Pflichten, die das neue Amt mit sich bringt, für die gewählten Elternvertreter ausgeben.[21] Vereinbaren Sie in jedem Fall einen Gesprächstermin mit den Elternvertretern und tauschen Kontaktdaten aus, um die weitere Zusammenarbeit zu besprechen und sich etwas besser kennenzulernen.

Wer mag, kann das Kennenlernen nun noch bei einem geselligen Teil fortsetzen. Schlagen Sie ein gut erreichbares Gasthaus vor (evtl. im Vorfeld einen Raum reservieren). Auch wenn keine öffentliche Gaststätte erreichbar ist, sollten Sie anbieten, den Abend bei einem Schluck Saft und ein paar Knabbereien ausklingen zu lassen. Regen Sie am besten jetzt schon an, einen Eltern-Stammtisch ins Leben zu rufen. Ob Sie daran teilnehmen oder nicht, sollte nach den Wünschen der Eltern entschieden werden. Falls Ihnen die Teilnahme zu viel wird, dürfen Sie auch jetzt schon erklären, dass Sie es für sinnvoll halten, wenn die Eltern auch mal „unter sich" sind. Erklären Sie jedoch Ihre grundsätzliche Bereitschaft, auf Einladung gelegentlich teilzunehmen.

Schwerpunktthema: „Leseförderung"

„Die Mutter aller Lesefreude ist das Erzählen von Geschichten"

Darum geht's:
Das Thema Leseförderung ist gut in der 1. oder 2. Klasse aufgehoben. Es eignet sich hervorragend, um Eltern direkt einzubeziehen. So können Sie gleich zu Beginn der gemeinsamen Zeit mit den Eltern einige neue Methoden ausprobieren. Nur Mut – das gegenseitige Klima kann davon nur profitieren.

Vorbereitung:
→ Liste mit Lektüreempfehlungen als Handout

Beim Ankommen:
→ Büchertisch mit geeigneten Büchern für die Altersgruppe präsentieren. Lässt sich auch in Kooperation mit der Stadtbücherei und/oder Buchhandlungen durchführen.

→ Plakate der Kinder aushängen: *„Ich lese gern ..."*

Thematische Bausteine

1. Impulsfrage zum Einstieg (als Schild oder Anschrieb an die Tafel): „Wie können wir unsere Kinder zum Lesen verlocken?" Zum Bearbeiten sammeln die Eltern in Kleingruppen Ideen, oder sie tragen gemeinsam Ideen im Plenum zusammen (mitschreiben an Tafel oder Flipchart!). Anschließend werden die Ideen mit Punkten bewertet und weiter konkretisiert.

2. Zitate zum Lesen sammeln, auf farbiges Papier ausdrucken und im Raum aushängen bzw. an die Wände pinnen. Die Eltern erhalten Klebepunkte und punkten das Zitat, das ihnen am besten gefällt.

3. Als Einstieg eine Geschichte vorlesen. Das Vorgehen nicht erst erklären, sondern einfach nach der Begrüßung starten. Anschließend fragen: *„Wie haben Sie sich gefühlt?", „Wie hat Ihnen das Vorlesen gefallen?"*

4. Impulsreferat „Was in einer Geschichte alles steckt" – Informationen über den Wert von Literatur und Lesen sind wichtig, weil viele Eltern selbst über geringe Lesekompetenz verfügen. Auch wichtig: den Eltern Handlungsspielräume aufzeigen.

5. Gruppenarbeit „Bücherdetektive" – Eltern sichten in Gruppen das vorliegende Lesematerial und berichten im Plenum. Weitere Stationen für die Gruppenarbeit können sein:
→ Warum Lesen wichtig ist – Thesen zum Lesen auslegen und von den Eltern zusammenfassen lassen
→ Tipps für mehr Lesespaß zusammenfassen und von den Eltern auf ihre Alltagstauglichkeit bewerten lassen
→ „Mein Lieblingsbuch im Grundschulalter" – Eltern sammeln Erinnerungen an eigene Leseabenteuer

Schwerpunktthema: „Schulalltag"

„So ist es bei uns jeden Tag"

Darum geht's:
Für viele Eltern liegt die Grundschulzeit bereits einige Jahrzehnte zurück. Inzwischen hat sich pädagogisch allerhand getan. Es macht Sinn, beim Elternabend einmal vorzustellen, welche Methoden und Medien eingesetzt werden. Dafür eignet sich das praktische Erleben ausgesprochen gut. Auch das Stationenlernen und das Konzept von Freiarbeit und Wochenplan können Sie bei diesem Elternabend vermitteln. Im Anschluss an das Ausprobieren an Stationen steht die Abfrage von Erfahrungen und Ihr Input. Nur so können die Eltern das Erfahrene auch einordnen.

Beim Ankommen:
→ Freiarbeitsmaterialien auslegen und mit kleinen Schildern beschriften – z.B. „Fördert die Feinmotorik", „Dazu braucht Ihr Kind Geduld und Ausdauer"
→ Kinderbilder „Meine Familie" oder „Selbstporträt" auslegen. Eltern suchen das Bild ihres Kindes.

Einstieg:
Kinder-Interview: „Was gefällt dir in der Schule?" zeigen/vorspielen[22]

Thematische Bausteine

1. Stationenlernen: Die Eltern dürfen an Stationen erfahren, was ihre Kinder alles lernen, auf welche Weise gearbeitet wird und welche Materialien dazu zur Verfügung stehen. Dazu werden sie in Kleingruppen aufgeteilt, die für jeweils 10 bis 15 Minuten „aus Schülersicht" an den Stationen arbeiten. Denkbare Stationen (nächste Seite):

An Stationen beschäftigen sich die Eltern für einige Minuten mit dem Lernmaterial, bearbeiten Texte oder sammeln Ideen.

- → Experiment aus dem Sachunterricht
- → Freiarbeitsmaterialien
- → PC-Arbeitsplatz mit Lernprogramm
- → Arbeitsblatt zum Rechnen oder Schreiben
- → Kunstmaterial mit Anleitung
- → Materialkoffer zu bestimmten Themen, wie Sexualkunde, Biologie …

Danach werden die Erfahrungen aus den Gruppen gesammelt, z.B. als:

- → mündlicher Bericht durch ein Gruppenmitglied, während die Leitung stichwortartig an Tafel oder Flipchart mitschreibt
- → Präsentation durch einen Vertreter der Kleingruppe mit Hilfe von Karten, Plakat oder einer anderen visuell unterstützenden Präsentationsform

Diskutieren Sie abschließend im Plenum, welche wichtigen Impulse/Erkenntnisse jeder für sich mitnimmt, indem Sie fragen: *„Bitte überlegen Sie kurz und sagen uns dann in einem Satz* (Alternativ: *Notieren Sie auf einer Moderationskarte …*), *was Sie als wichtigste oder interessanteste Erfahrung aus dieser Übungsphase mitnehmen."*

2. Input: Arbeiten Sie heraus, wie Sie den Kindern Inhalte vermitteln und was die Eltern wissen müssen, um zu Hause den Lernprozess begleiten und unterstützen zu können. Dazu gehören z.B. Informationen wie das Fibelkonzept oder das Konzept des Lautierens. Was Lautieren bedeutet und wie es funktioniert, können Sie schnell und einfach als mündliche Übung vermitteln – lassen Sie die Eltern der Reihe nach den eigenen Vornamen lautieren.

3. Lerninhalte praktisch: Ob Zahlenmauer oder Buchstabenrätsel, Experiment oder Rhythmusübung – praktisches Tun verdeutlicht am besten, was die Kinder gerade lernen und wo Herausforderungen liegen. Integrieren Sie nach Möglichkeit in jeden Elternabend eine praktische Übung aus dem Unterricht, oder bearbeiten Sie mit den Eltern gemeinsam beispielhafte Arbeitsblätter. Das bringt Leben in den Elternabend und verdeutlicht Inhalte besser als jeder Vortrag. In diesen Schritten gehen Sie vor:

Die eigene Grundschulzeit ist lange her – viele Methoden haben sich sehr verändert.

→ Arbeitsblatt ausgeben
→ Bearbeiten lassen
→ Anmerkungen/Fragen sammeln
→ Erläutern und Fragen beantworten

Schwerpunktthema: „Hausaufgaben"

„Hausaufgaben – Warum? Wie viel? Wie lange?"

Darum geht's:
Hausaufgaben gehören in vielen Familien zu den Situationen, die Eltern als besonders anstrengend empfinden. Informationen seitens der Schule können vor allem zwei Punkte klären: Welcher Zeitaufwand ist altersgemäß angemessen für die Bewältigung der Aufgaben, und wie können Eltern ihren Kindern helfen, organisiert zu arbeiten?

Vorbereiten:
→ Handout mit den wichtigsten Fakten, wie Richtlinien des Bundeslandes, empfohlene Dauer etc.

Beim Ankommen:
→ Arbeitsproben aus unterschiedlichen Fächern

Zum Einstieg:
→ Impulsfrage (je nach Zeitpunkt des Elternabends) wird im Plenum der Reihe nach beantwortet:
   „Sechs Wochen Sommerferien sind vorbei. Was ich erwarte ..."
   „Vier Wochen Schule sind vorbei ..."

Thematische Bausteine

1. Arbeit in Kleingruppen: In Kleingruppen tragen die Eltern ihre Erfahrungen und/oder Fragen zum Umgang mit Hausaufgaben zusammen. Jede Gruppe erhält als Arbeitsauftrag ein Statement oder eine Frage zum Thema. Dazu sollen Stichworte oder Aspekte zusammengetragen werden und stichwortartig auf einem Bogen Flipchartpapier notiert werden. Die Gruppen erfahren außerdem, dass je eine Person pro Gruppe die Arbeitsergebnisse vor der gesamten Elternschaft präsentieren soll. Mögliche Aussagen für die Gruppenarbeit:

1. Unsere Erfahrungen mit den Hausaufgaben in diesem Schuljahr …
2. Das klappt gut bei den Hausaufgaben, das stört uns: …
3. Das möchten wir heute Abend gern zum Thema Hausaufgaben klären: …

2. Input: Nachdem alle Gruppen ihre Ergebnisse präsentiert haben, folgt der Input. Dabei beziehen Sie sich explizit auf die genannten Fragen und Erfahrungen. Sollten Aspekte, die Ihnen wichtig sind, nicht nachgefragt werden, können Sie diese selbstverständlich in Ihren Ausführungen ebenfalls ansprechen (z.B. die Richtlinien Ihres Bundeslandes). Fassen Sie Schlussfolgerungen zusammen, und stellen Sie deutlich heraus, auf welche Weise die Eltern ihre Kinder durch Organisation von Zeit, Arbeitsplatz etc. unterstützen können. Als Abschluss bietet sich eine kurze Feedbackrunde zur Frage an: „Was nehme ich von diesem Abend an neuen Informationen zum Thema Hausaufgaben mit?".

Schwerpunktthema: „Benotung"

„Immer Ärger mit den Noten?"

Darum geht's:
Das Thema Noten ist für die Eltern von besonderem Interesse, entscheiden sie doch maßgeblich über die schulische Laufbahn der Kinder. Erfahrungsgemäß liegt hier ein großes Konfliktpotenzial zwischen Schule und Elternhaus. Umso wichtiger scheint es, dass von Anfang an klarwird, auf welcher Basis Noten vergeben werden und wie sie sich zusammensetzen. Da das Thema Noten oft sehr emotional diskutiert wird, kann auch ein externer Referent (z.B. Schulleitung, Schulsozialarbeiter) versachlichend wirken. Nutzen sollten Sie diesen Elternabend aber auch dazu, mit den Eltern über die Bedeutung der Noten für das Kind zu reden und über den Umgang mit guten und schlechten Noten in der Familie.

Thematische Bausteine

1. Sorgen Sie für einen positiven Einstieg, der den Eltern die Potenziale der Klasse zeigt und Stärken verdeutlicht, z.B. so:

→ Aussagen der Kinder zur Frage „Warum ich gerne in die Schule gehe/das gefällt mir am besten" aufnehmen und vorspielen
→ Tafelbild der Kinder
→ Zitat zum Thema Lernen

Hier eignet sich auch eine kurze **Pro-Kontra-Abfrage** im Plenum. Schreiben Sie z.B. eine Aussage, wie „Noten – Fluch oder Segen?", an Tafel oder Flipchart, und sammeln Sie Aussagen der Eltern dazu. Das gibt den Eltern die Möglichkeit, ihre sicherlich vorhandenen Sorgen zu verbalisieren, und nimmt „Dampf" aus dem Rest des Elternabends. Bitten Sie ggf. ein Mitglied der Elternvertretung darum, Sie beim Mitschreiben zu entlasten!

Sie können auch als Impuls für eine Gruppenarbeit ein Zitat wählen, das eine inhaltliche Richtung vorgibt, z.B.:

„Wir schreiben Klassenarbeiten nicht, um Schwächen festzuhalten, sondern damit ich als Lehrer weiß, was wir noch lernen müssen."

2. Input: Ganz wichtig beim Elternabend zum Thema Noten sind umfassende und **sachliche Informationen**. Erklären Sie den Eltern in einem Kurzvortrag detailliert, wie die Benotung funktioniert. Evtl. können Sie per Overhead-Projektor oder Beamer beispielhaft Schülerarbeiten zeigen (natürlich nicht aus der aktuellen Klasse und ohne Namen!) und das Vorgehen der Punktezuordnung und Bewertung an diesem Beispiel erklären. Weiterhin interessant für die Eltern sind Gewichtung und Auswirkungen einzelner Noten, Anzahl von Tests und Abstände zwischen ihnen, Umfang des abgefragten Wissens, Aussagekraft von Notenspiegeln. Weitere Informationen, die in diesem Zusammenhang für Ihre Elternschaft wichtig sein können, sind:

→ Richtlinien zur Leistungsbewertung in der Grundschule (evtl. Auszüge als Handout)
→ aktuelle Erkenntnisse aus der Forschung
→ Kompetenzstufen, die in Klassenarbeiten gefordert sind (Reproduktion, Reorganisation, Transfer, Problemlösung)
→ Notenschlüssel
→ Transparenz über die Notengebung im Zeugnis
→ Möglichkeiten der individuellen Verbesserung durch Zusatzaufgaben etc.

Beispiele aus der Praxis

3. Wenn ausreichend Zeit zur Verfügung steht: Gehen Sie auf den **Umgang mit Noten** in den Familien ein! Als Einstieg eignen sich Schülerzitate (fiktiv oder im Internet googeln), die Sie ausdrucken und an der Wäscheleine aufhängen. Laden Sie die Eltern zum Rundgang ein, und besprechen Sie gemeinsam im Plenum, welchen Eindruck die Äußerungen hinterlassen. Im nächsten Arbeitsschritt werden in Kleingruppen Strategien entwickelt, mit schlechten Noten umzugehen. Gut geeignet ist dafür die Vier-Felder-Matrix (Szenario) mit folgenden Beschriftungen:

1. *„Wie gehen wir mit schlechten Noten unseres Kindes um?"*
2. *„Was funktioniert gut?"*
3. *„Womit sind wir nicht zufrieden?"*
4. *„Welche Ideen haben wir außerdem?"*

Vorgestellt werden abschließend nur die guten Ideen und neuen Vorschläge.

4. Kurze Übung – Richtig loben: Diese Übung eignet sich, um zu verdeutlichen, wie richtig gelobt wird. Gerade wenn Kinder auf Grund schlechter Schulleistungen demotiviert sind, gehört Lob zu den Maßnahmen, ihr Selbstwertgefühl zu stärken. Dass es gar nicht so einfach ist, richtig zu loben, zeigt diese Übung:

Bitten Sie einen Freiwilligen nach vorn. Weisen Sie darauf hin, dass nichts Schlimmes passiert und die Person lediglich auf Sie zugehen muss. Stellen Sie sich im Abstand von ca. drei bis vier Metern voneinander auf. Bei echtem Lob darf Ihr Gegenüber einen Schritt auf Sie zutreten, bei jedem eingeschränkten Lob muss es einen Schritt zurückgehen. Sagen Sie z.B.: *„Ich werde Ihnen jetzt einige nette Dinge sagen. Empfinden Sie meine Aussage als Lob, kommen Sie einen Schritt auf mich zu. Wenn meine Äußerung Sie nicht positiv anspricht, gehen Sie einen Schritt rückwärts."*.

Mit einigen eingeschränkten Lob-Sätzen landet der Elternteil in null Komma nichts an der Wand. (Beispiele für eingeschränktes Lob: *„Super, deine Note. Wenn du nur einen Punkt mehr hättest, wäre es eine Zwei geworden."*, *„Der neue Mantel sieht toll aus. In Grün hätte er Ihnen vielleicht sogar noch besser gestanden"*, *„Du hast dich in Mathe echt gesteigert. Wenn jetzt noch die Deutschnote besser wird, sind wir richtig stolz auf dich."*). Statt ein Elternteil nach vorn zu bitten, können Sie auch eine Skala an die Tafel zeichnen und bei jedem eingeschränkten Lob einen Punkt nach unten verschieben. Fordern Sie abschließend die Eltern auf, einige „echte" Lob-Sätze zu finden.

5. Übung „Schwarzer Punkt": Die Übung „Schwarzer Punkt" (S. 76) verdeutlicht die Neigung, eher das Negative zu sehen als das Positive. Sie kann gut in Verbindung mit dem Noten-Thema eingesetzt werden, eignet sich aber auch für andere Inhalte.

Schwerpunktthema: „Richtig lernen"

„Lernen lernen – wie Sie Ihr Kind beim Lernen unterstützen"

Darum geht's:
In der 3. und 4. Klasse vermitteln viele Grundschulen grundlegende Lern- und Arbeitsstrategien, die den Kindern das Lernen erleichtern. Damit Eltern ihre Kinder effektiv unterstützen können, ist es sinnvoll, ihnen diese Techniken ebenfalls nahezubringen. In diesem Zusammenhang kann auch die Wichtigkeit des eigenständigen Lernens thematisiert werden. Die Eltern sollen die Balance finden zwischen sinnvoller altersgemäßer Hilfe (z.B. beim Wortartenlernen) und Kontrolle jedes Lernschrittes, die die Eigenständigkeit der Kinder verhindert oder untergräbt. Dabei geht es nicht um pauschale Elternschelte, sondern vielmehr darum, den Eltern günstiges förderliches Hilfeverhalten zu ermöglichen.

Beim Ankommen:
→ Brief der Kinder an die Eltern auslegen. Alternativ: per Beamer Schülerzitate präsentieren, z.B.: „Lernen finde ich leicht, wenn …"
→ Fotos aus dem Schulalltag/Kinder beim Arbeiten zeigen
→ Ausstellung von Projektarbeiten (möglichst beschriftet)

Zum Einstieg:
→ Falls sich die Kinder bereits mit Lerntechniken beschäftigt haben, eignen sich Zitate, Filmsequenzen, Arbeitsproben oder Aufgabenblätter aus diesen Methodentrainings gut als Einstieg.

Als Handout:
→ Lernregeln für die Kinder
→ Elterntipps

5 Beispiele aus der Praxis

Thematische Bausteine

1. Lerntechniken lassen sich am besten konkret verdeutlichen. Nutzen Sie auch zum Zusammenfassen die Mindmap. Lassen Sie Eltern selbst Merkhilfen, Assoziationen etc. ausprobieren, am besten in Kleingruppen. Dazu wird ein „Lernparcours" eingerichtet. Als Stationen für die Gruppen á 3–4 Eltern eignen sich:

→ Mindmap zeichnen zum Thema „Lernen"
→ Assoziationen finden zu Vokabeln aus dem Englisch-Unterricht
→ Text über Lernen o. Ä. durchlesen und Schlüsselbegriffe hervorheben
→ alle weiteren Methoden, die mit den Kindern angewandt werden

2. Förderliches Verhalten, mit dem die Eltern ihren Kindern bei den Hausaufgaben oder beim Lernen helfen, können Sie auch im Umkehrschluss vermitteln, z.B. mit dieser Übung: Bitten Sie die Eltern um Handmeldung, wer sich für recht sicher in deutscher Rechtschreibung hält. Denjenigen, die sich melden, wird ein kurzes Diktat diktiert. Die übrigen Personen diktieren bzw. sind Beobachter. Als Diktattext wählen Sie einen Text der 4. Klassen. Die Diktierenden erhalten als Anweisung (schriftlich):

→ Setzen Sie sich möglichst dicht an Ihren Schreibpartner. Wenn es Ihnen möglich ist, so dicht, dass sich die Oberarme berühren.
→ Zeigen Sie beim Schreiben in den Text des Schreibers hinein, und sagen Sie z.B. „Das kann ich nicht lesen. Was soll das heißen?"
→ Wenn der Schreiber zögert, nennen Sie vorschnell die Lösung.
→ Machen Sie Äußerungen wie „Das sollten Sie aber wissen!", „Das ist doch ganz einfach.", „Denken Sie doch noch einmal nach!", „Das ist aber ziemlich unleserlich.", „Na, das ist doch klar."

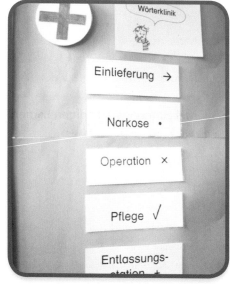

Zeigen Sie den Eltern praktisch, auf welche Weise in der Schule gelernt wird.

Bitten Sie die Eltern dann, sich mit ihren Nachbarn darüber auszutauschen, wie sich die Schreiber gefühlt haben. Diskutieren Sie im Plenum.

3. Gemeinsame **Mindmap**: „So gelingt das Lernen" erstellen. Erst abschließend die Methode Mindmap und ihre Anwendungsmöglichkeiten erläutern.

4. Lerntypentest durchführen:
Dass jeder Mensch anders lernt, wissen Eltern, die mehrere Schulkinder haben. Welche Lerntypen man unterscheidet und wie der entsprechende Typ erfolgreich lernt, erfahren sie beim Elternabend durch einen Lerntypentest. Das geht relativ schnell und führt garantiert zu vielen „Aha"-Erlebnissen.

Schwerpunktthema: „Medienkompetenz"

„Nicht ohne meinen PC – Tipps für gute Mediennutzung"

Darum geht's:
Beim Thema Mediennutzung haben Eltern schnell ein schlechtes Gewissen. Hier ist es wichtig, auf den erhobenen Zeigefinger zu verzichten. Zeigen Sie lieber, wie es besser geht, und machen Sie Vorschläge für eine adäquate Mediennutzung.

Einstieg:
Teilen Sie die Elternschaft in zwei Gruppen. Jede Gruppe erhält eine Aussage zum Thema Mediennutzung, die eine pro, die andere kontra (z.B.: „Computer machen unsere Kinder dick, dumm und faul." und „Computerkenntnis ist der Schlüssel zum selbstständigen Lernen"). Beide Gruppen haben jetzt 10 Minuten Zeit, um Argumente zu finden, die ihre jeweilige These stützen. Geben Sie, falls nötig, Notizpapier aus, um die Thesen schriftlich festzuhalten. Anschließend geht's zur „TV-Debatte" mit Ihnen als Moderator. Setzen Sie die Eltern in den Gruppen gegenüber, und fordern Sie sie zum TV-Duell auf, in dem Argumente ausgetauscht werden. Noch mehr Realitätsnähe gewinnt die Diskussion, wenn Sie den Eltern Rollen zuweisen bzw. sie auffordern, sich selbst welche auszusuchen, z.B. als besorgte Mutter, Medienpädagoge, Lehrer, Psychologe, Sport-Trainer, Computerspiel-Entwickler, Lernforscher …

Thematische Bausteine

1. Medientorte: Tragen Sie im Plenum zusammen, welche Aktivitäten die Schulkinder nachmittags beschäftigen (Sport, Hausaufgaben, Musik, Freunde treffen, fernsehen, Computer). Verteilen Sie das Arbeitsblatt „Mediennutzungstorte" (auf der beiliegenden CD) an die Eltern, und bitten Sie sie, darauf in Form von Tortenstücken einzuzeichnen, welchen Anteil die Aktivitäten in der Freizeitgestaltung ihres Kindes einnehmen. Computer, Fernsehen und Spielekonsole haben erfahrungsgemäß einen hohen Anteil.

Die Wäscheleine mit Medienhelden eignet sich zum Einstieg ins Thema Fernsehen/Medien/Computernutzung.

2. Medienhelden: Arbeiten Sie mit der Wäscheleine und hängen daran aktuelle Medienhelden auf. Fordern Sie die Eltern auf, sich eine Figur auszusuchen, die ihrem Kind wichtig wäre. Alternativ können Sie auch mit Figuren aus der Kindheit der Eltern arbeiten und nach deren eigenen Lieblingsfiguren fragen. Wenn alle Eltern sich eine Kopie genommen haben, tragen Sie im Kreis zusammen (oder in Kleingruppen): „Welche Eigenschaften hat diese Figur?", „Was gefällt meinem Kind (mir) an dieser Figur?", „Welche Eigenschaften hätte mein Kind gern selbst?". Ergänzen Sie durch Input, was Kinder im TV bzw. Internet oder bei Computerspielen suchen.

3. Input als Präsentation/Plakat/Film (z.B. aktuelle KIM-Studie, Forschungsergebnisse oder Hinweise zum altersgerechten Fernseh- bzw. Computerkonsum als Handout)

4. Umgang in der Familie reflektieren anhand von Thesenpapier/Cartoon/Fernsehregeln o. Ä. Eltern erhalten z.B. ein Papier mit Regeln zum Umgang mit TV und PC in der Familie und bewerten und/oder ergänzen das in Kleingruppen. Wichtig ist, klarzumachen, dass jede Familie ihren eigenen Weg finden muss.

5. Eigenes Erleben „Computerparcours": Wenn möglich, dürfen Eltern selbst am PC spielen – dazu einige aktuelle Spiele (evtl. auch Lernsoftware) an den PC-Arbeitsplätzen in der Klasse zur Verfügung stellen. Eltern sollen nun in

Kleingruppen spezifische Übungen durchführen. Formulieren Sie einige einfache Aufgaben passend zu den vorhandenen Spielen („Helfen Sie Prinzessin Lillifee, die Zauberblume zu finden"). Je 10 Minuten pro Station ist Zeit, dann wird gewechselt. Anschließend können die Eltern mit Hilfe eines Fragebogens das letzte gespielte Programm bewerten. Kriterien für einen Auswertungsbogen können sein:

→ Genre des Spiels
→ Inhalt in Stichworten
→ Zielgruppe
→ Wie beurteile ich den Unterhaltungsaspekt?
→ Wie beurteile ich den Lernaspekt?
→ Wie gefällt mir die Grafik?
→ Wie beurteile ich die Menüführung?

5 Beispiele aus der Praxis

Rechtliche Grundlagen 6

6 Rechtliche Grundlagen

In welcher Form ein Elternabend abgehalten wird, wer dazu einlädt, ob Sie als Klassenlehrer überhaupt beteiligt sind, das regeln die Schulgesetze der Länder. Auf den folgenden Seiten sind die aktuellen Bestimmungen, nach Bundesländern geordnet, kurz zusammengefasst.

Baden-Württemberg

Quelle:	Schulgesetz vom 1.8.1983
Bezeichnung:	**Klassenpflegschaftssitzung**
Zweck:	Die Klassenpflegschaft dient der Pflege enger Verbindungen zwischen Eltern und Schule und hat die Aufgabe, das Zusammenwirken von Eltern und Lehrern in der gemeinsamen Verantwortung für die Erziehung der Jugend zu fördern. Eltern und Lehrer sollen sich in der Klassenpflegschaft gegenseitig beraten sowie Anregungen und Erfahrungen austauschen. (…)
Teilnehmer:	Eltern, Lehrer der Klasse; eingeladen werden auch Klassensprecher und dessen Vertreter.
Vorsitzender:	Vorsitzender der Klassenpflegschaft ist der Klassenelternvertreter, sein Stellvertreter der Klassenlehrer
Turnus:	Mindestens einmal pro Halbjahr. Eine Sitzung muss stattfinden, wenn ein Viertel der Eltern, der Klassenlehrer, der Schulleiter oder der Elternbeiratsvorsitzende darum nachsuchen.

Bayern

Quelle:	Bayerisches Gesetz über das Erziehungs- und Unterrichtswesen in der Fassung vom 31.5.2000
Bezeichnung:	**Klassenelternversammlung**
Zweck:	Die Klassenelternsprecherin bzw. der Klassenelternsprecher nimmt die Belange der Eltern der Schülerinnen oder Schüler einer Klasse wahr.

Vorsitzender:	An allen Grundschulen und Mittelschulen wird (...) eine für die Eltern der Klasse sprechende Person (Klassenelternsprecher) gewählt.
Turnus:	Mindestens einmal im Schuljahr wird eine Klassenelternversammlung abgehalten.

Berlin

Quelle:	Schulgesetz für Berlin vom 26.1.2004
Bezeichnung:	**Elternversammlung**
Zweck:	Die Elternversammlung dient der Information und dem Meinungsaustausch über schulische Angelegenheiten, insbesondere über die Unterrichts- und Erziehungsarbeit in der Klasse oder Jahrgangsstufe. Angelegenheiten einzelner Schülerinnen und Schüler dürfen nur mit Einverständnis ihrer Erziehungsberechtigten (...) behandelt werden.
Teilnehmer:	Erziehungsberechtigte der Schülerinnen und Schüler jeder Klasse (...) bilden eine Elternversammlung. Lehrkräfte, die in der Klasse oder Jahrgangsstufe unterrichten, sowie die Klassensprecherinnen und Klassensprecher oder Jahrgangssprecherinnen und Jahrgangssprecher der Schülerinnen und Schüler sollen auf Wunsch der Elternversammlung beratend an deren Sitzungen teilnehmen.
Vorsitzender:	Die Elternversammlung wählt spätestens einen Monat nach Beginn des Unterrichts im neuen Schuljahr aus ihrer Mitte 1.) zwei gleichberechtigte Klassenelternsprecherinnen oder Klassenelternsprecher und 2.) zwei Vertreterinnen oder Vertreter für die Klassenkonferenz. Bei neu gebildeten Klassen lädt die Klassenlehrerin oder der Klassenlehrer zu dieser Sitzung ein.
Turnus:	Die Elternsprecherinnen oder Elternsprecher laden im Einvernehmen mit der Klassenlehrerin oder dem Klassenlehrer mindestens 3-mal im Jahr zu einer Elternversammlung ein. Auf Verlangen der Erziehungsberechtigten von mindestens einem Fünftel der Minderjährigen einer Klasse oder Jahrgangsstufe ist eine Elternversammlung einzuberufen.

6 Rechtliche Grundlagen

Brandenburg

Quelle:	Brandenburgisches Schulgesetz vom 2.8.2002
Bezeichnung:	**Elternversammlung**
Zweck:	Dient der Information und dem Meinungsaustausch über schulische Angelegenheiten, insbesondere über die Unterrichts- und Erziehungsarbeit. Anregungen der Eltern zur inhaltlichen und methodischen Gestaltung des Unterrichts sollen nach Möglichkeit berücksichtigt werden. Die Elternversammlung entscheidet im Einvernehmen mit der Klassenkonferenz über die schriftlichen Informationen zur Lernentwicklung an Stelle der Notengebung sowie über das Aufrücken in die nächsthöhere Jahrgangsstufe an Stelle der Versetzung.
Teilnehmer:	Die Eltern der Schülerinnen und Schüler jeder Klasse (...) bilden eine Elternversammlung.
Vorsitzender:	Die Elternversammlung wählt aus ihrer Mitte zwei Elternsprecherinnen oder Elternsprecher.
Turnus:	Die Elternsprecherinnen oder Elternsprecher laden im Einvernehmen mit der Klassenlehrerin oder dem Klassenlehrer mindestens 3-mal im Jahr zu einer Elternversammlung ein. Die Klassenlehrerin oder der Klassenlehrer einer neu gebildeten Klasse lädt zur ersten Elternversammlung spätestens vier Wochen nach Beginn des Unterrichts im Schuljahr ein.

Bremen

Quelle:	Bremisches Schulverwaltungsgesetz vom 1.8.2005
Bezeichnung:	**Klassenelternversammlung**
Zweck:	Die Klassenelternversammlung dient der Information und dem Meinungsaustausch; in ihr sollen pädagogische und organisatorische Fragen von allgemeinem Interesse besprochen und die Erziehungsberechtigten über wesentliche Vorgänge aus der Arbeit der Klasse informiert werden.
Teilnehmer:	Erziehungsberechtigte jeder Klasse bilden die Klassenelternversammlung.

Vorsitzender:	Sie hat unverzüglich nach Beginn eines jeden Schuljahres die ersten und zweiten Klassenelternsprecher oder Klassenelternsprecherinnen aus ihrer Mitte zu wählen.
Turnus:	Mindestens einmal im Schuljahr [sind] Klassenelternversammlungen einzuberufen.

Hamburg

Quelle:	Hamburgisches Schulgesetz vom 16.4.1997
Bezeichnung:	**Klassenelternversammlung**
Zweck:	Beratung über alle Angelegenheiten, die für die gemeinsame Arbeit in der Klasse von wesentlicher Bedeutung sind
Teilnehmer:	Die Eltern mit den in der Klasse unterrichtenden Lehrkräften, insbesondere der Klassenlehrerin oder dem Klassenlehrer. Die Elternabende werden in Abstimmung mit der Klassenelternvertretung von der Klassenlehrerin oder dem Klassenlehrer mit einer Frist von wenigstens einer Woche einberufen. Auf Verlangen der Elternvertretung sollen weitere Lehrkräfte teilnehmen. Die Klassensprecherinnen und Klassensprecher (...) können, wenn sie dem Schülerrat angehören, an den Elternabenden teilnehmen.
Vorsitzender:	Die Leitung übernimmt ein Mitglied der Klassenelternvertretung, nach Absprache auch gemeinsam mit der Klassenlehrerin oder dem Klassenlehrer. Solange die Klassenelternvertretung nicht gewählt ist, leitet die Klassenlehrerin oder der Klassenlehrer den Elternabend. Die Eltern der Schülerinnen und Schüler der einzelnen Schulklassen einschließlich der Vorschulklassen wählen spätestens vier Wochen nach Beginn des Unterrichts eines neuen Schuljahres auf einem Elternabend zwei Klassenelternvertreterinnen oder Klassenelternvertreter (Klassenelternvertretung). In einem zweiten Wahlgang sind zwei Ersatzpersonen zu wählen.
Turnus:	Klassen- oder Schulstufenelternabenden finden mindestens 2-mal im Schuljahr, im Übrigen auf Verlangen der Klassen-

elternvertretung oder eines Viertels der Eltern statt. Die Klassenelternvertretung kann Elternabende ohne Teilnahme von Lehrkräften und Schülerinnen und Schülern durchführen.

Hessen

Quelle:	Hessisches Schulgesetz vom 1.8.2005
Bezeichnung:	**Klassenelternschaft**
Zweck:	In der Klassenelternschaft sollen die wesentlichen Vorgänge aus dem Leben und der Arbeit der Klasse und der Schule erörtert werden.
Teilnehmer:	Eltern der Schülerinnen und Schüler einer Klasse bilden die Klassenelternschaft. Sie wählt aus ihrer Mitte für die Dauer von zwei Jahren einen Elternteil als Klassenelternbeirat und einen Elternteil als Stellvertreterin oder Stellvertreter. An Versammlungen der Klassenelternschaft nimmt die Klassenlehrerin oder der Klassenlehrer teil. Den übrigen Lehrerinnen und Lehrern der Klasse sowie der Schulleiterin oder dem Schulleiter steht die Teilnahme frei. Einmal jährlich sollen sie an einer Sitzung der Klassenelternschaft teilnehmen, auf Antrag eines Viertels der Klassenelternschaft sind sie zur Teilnahme verpflichtet.
Vorsitzender:	Klassenelternbeirat
Turnus:	Die Klassenelternschaft wird vom Klassenelternbeirat nach Bedarf, mindestens jedoch einmal in jedem Schulhalbjahr, einberufen; sie ist einzuberufen, wenn ein Fünftel der Eltern, die Schulleiterin oder der Schulleiter, die Klassenlehrerin oder der Klassenlehrer oder die oder der Vorsitzende des Schulelternbeirates es unter Angabe der zu beratenden Gegenstände verlangt.

Mecklenburg-Vorpommern

Quelle:	Schulgesetz für das Land Mecklenburg-Vorpommern vom 10.9.2010
Bezeichnung:	**Klassenelternversammlung**
Zweck:	Klassenelternversammlung dient der Information und dem Meinungsaustausch über alle schulischen Angelegenheiten, insbesondere über die Unterrichts- und Erziehungsarbeit.
Teilnehmer:	Lehrerinnen und Lehrer, die in der Klasse oder in der Jahrgangsstufe unterrichten, sowie die Schulleiterin oder der Schulleiter sollen auf Verlangen der Klassenelternversammlungen an ihren Sitzungen teilnehmen.

Niedersachsen

Quelle:	Niedersächsisches Schulgesetz vom 3. 3.1998
Bezeichnung:	**Elternversammlung**
Zweck:	Von den Klassenelternschaften (…) können alle schulischen Fragen erörtert werden. Die Lehrkräfte haben Inhalt, Planung und Gestaltung des Unterrichts mit den Klassenelternschaften zu erörtern. Dies gilt vor allem für Unterrichtsfächer, durch die das Erziehungsrecht der Eltern in besonderer Weise berührt wird.
Teilnehmer:	Erziehungsberechtigte der Schülerinnen und Schüler einer Klasse (Klassenelternschaft) wählen die Vorsitzende oder den Vorsitzenden und deren oder dessen Stellvertreterin oder Stellvertreter.
Vorsitzender:	Die oder der Vorsitzende lädt die Klassenelternschaft mindestens 2-mal im Jahr zu einer Elternversammlung ein und leitet deren Verhandlungen.

Nordrhein-Westfalen

Quelle:	Schulgesetz für das Land Nordrhein-Westfalen vom 15.2.2005
Bezeichnung:	**Klassenpflegschaftssitzung**
Zweck:	Information und Meinungsaustausch über Angelegenheiten der Schule, Beratung über Unterrichts- und Erziehungsarbeit in der Klasse. Dazu gehören z.B. Hausaufgaben, Leistungsüberprüfungen, außerunterrichtliche Veranstaltungen und Erziehungsprobleme, Beteiligung an der Auswahl der Unterrichtsinhalte, Wahl des Vorsitzenden und seines Stellvertreters (geheime Wahl).
Teilnehmer:	Eltern der Schüler einer Klasse, Lehrer der Klasse
Vorsitzender:	Klassenpflegschaftsvorsitzende müssen zu den weiteren Sitzungen der Klassenpflegschaft einladen und diese leiten. Außerdem sind sie Mitglieder der Schulpflegschaft, die wiederum Vertreter in die Schulkonferenz entsendet.
Turnus:	Pro Halbjahr eine Sitzung. 1. Sitzung: in den ersten drei Wochen nach den Sommerferien, 2. Sitzung: zu Beginn des zweiten Schulhalbjahres, weitere: nach Bedarf.

Rheinland-Pfalz

Quelle:	Schulgesetz vom 30.3.2004
Bezeichnung:	**Klassenelternversammlung**
Zweck:	Die Klassenelternversammlung fördert die Zusammenarbeit zwischen den Eltern und den Lehrkräften der Klasse. Sie berät und unterstützt in wesentlichen Fragen der Erziehung und des Unterrichts, die sich insbesondere aus der jeweiligen Arbeit in der Klasse ergeben.
Teilnehmer:	Die Klassenelternversammlung besteht aus den Eltern der Schülerinnen und Schüler einer Klasse. Sie wählt aus ihrer Mitte die Klassenelternsprecherin oder den Klassenelternsprecher auf die Dauer von höchstens zwei Schuljahren. An den Sitzungen der Klassenelternversammlung nimmt die Klassenleiterin oder der Klassenleiter teil. Die Schulleiterin

oder der Schulleiter, die Schulelternsprecherin oder der Schulelternsprecher und die anderen Lehrkräfte der Klasse können an den Sitzungen teilnehmen; auf Einladung haben die Lehrkräfte teilzunehmen.

Saarland

Quelle:	Schulmitbestimmungsgesetz vom 21.8.1996
Bezeichnung:	**Elternversammlung**
Zweck:	Die Erziehungsberechtigten sind von den Lehrkräften über Planung und Gestaltung des Unterrichts sowie über die Bewertungsmaßstäbe für die Notengebung und für sonstige Beurteilungen zu informieren. Vor allem in der Primarstufe (…) sind die Erziehungsberechtigten darüber hinaus im Rahmen der für Unterricht und Erziehung geltenden Bestimmungen an der Unterrichtsplanung zu beteiligen. Dabei ist ihnen in Fragen der Auswahl des Lehrstoffs, der Bildung von Schwerpunkten und der Anwendung bestimmter Unterrichtsformen Gelegenheit zu Vorschlägen und Aussprachen zu geben. Durch Informations- und Meinungsaustausch in den Elternversammlungen sowie durch stimmberechtigte Teilnahme an der Wahl von Elternvertreterinnen und Elternvertretern und mittelbar durch deren Teilnahme an Beratungen und Entscheidungen schulischer Gremien sind die Erziehungsberechtigten an der Gestaltung der Unterrichts- und Erziehungsarbeit der Schule beteiligt.
Teilnehmer:	Erziehungsberechtigte der Schülerinnen und Schüler einer Klasse bilden die Klassenelternversammlung. An Klassenelternversammlungen können die Lehrkräfte und die Schülervertreterinnen und Schülervertreter der Klasse als Gäste teilnehmen; die Klassenlehrkraft oder eine von der Schulleiterin oder dem Schulleiter im Einvernehmen mit den Erstgenannten bestimmte Lehrkraft ist zur Teilnahme verpflichtet.
Vorsitzender:	Vorsitzende oder Vorsitzender einer Elternversammlung ist die jeweilige Elternsprecherin oder der jeweilige Elternsprecher.

6 Rechtliche Grundlagen

Turnus: Klassenelternversammlungen sind im Einvernehmen mit der Klassenlehrkraft einzuberufen.

Sachsen

Quelle: Schulgesetz für den Freistaat Sachsen vom 16.7.2004
Bezeichnung: **Klassenelternversammlung**
Zweck: Die Klassenelternversammlung dient der Information und dem Meinungsaustausch über alle schulischen Angelegenheiten, insbesondere über die Unterrichts- und Erziehungsarbeit in der Klasse oder Jahrgangsstufe. Sie hat auch die Aufgabe, bei Meinungsverschiedenheiten zwischen Eltern und Lehrern zu vermitteln.
Teilnehmer: Die Eltern der Klasse (...) bilden die Klassenelternversammlung. Die Lehrer der Klasse (...) sind zur Teilnahme an Sitzungen der Klassenelternversammlung verpflichtet, falls dies erforderlich ist.
Vorsitzender: Die Klassenelternversammlung hat unverzüglich nach Beginn des Schuljahres den Klassenelternsprecher und dessen Stellvertreter aus ihrer Mitte zu wählen.
Turnus: Die Klassenelternversammlung tritt mindestens einmal im Schulhalbjahr zusammen.

Sachsen-Anhalt

Quelle: Schulgesetz des Landes Sachsen-Anhalt vom 11.8.2005
Bezeichnung: **Elternversammlung**
Zweck: Die Lehrerinnen und Lehrer haben Inhalt, Planung und Gestaltung des Unterrichts mit den Klassenelternschaften zu erörtern. Dies gilt vor allem für Unterrichtsfächer, durch die das Erziehungsrecht der Erziehungsberechtigten in besonderer Weise berührt wird.

Turnus:	Die Vorsitzende oder der Vorsitzende lädt die Klassenelternschaft mindestens 2-mal im Jahr zu einer Elternversammlung ein und leitet deren Verhandlungen. Eine Elternversammlung ist auch dann einzuberufen, wenn ein Drittel der Erziehungsberechtigten, die Schulleiterin beziehungsweise der Schulleiter oder die Klassenlehrerin beziehungsweise der Klassenlehrer es verlangt.

Schleswig-Holstein

Quelle:	Schleswig-Holsteinisches Schulgesetz vom 24.1.2007
Bezeichnung:	**Elternversammlung**
Zweck:	Die Elternversammlung dient der Unterrichtung der Eltern über die geplante Unterrichtsgestaltung, Schulbücher und andere Fragen von allgemeiner Bedeutung für die Schülerinnen und Schüler. Die Eltern erörtern mit den Lehrkräften die Angelegenheiten der Erziehung und des Unterrichts, die die Schülerinnen und Schüler gemeinsam betreffen, einschließlich Fragen des Sexualkundeunterrichts.
Teilnehmer:	Die Eltern der Schülerinnen und Schüler einer Klasse
Turnus:	Nach Bedarf, jedoch mindestens einmal im Schulhalbjahr.

Thüringen

Quelle:	Thüringer Schulgesetz vom 30.4.2003
Bezeichnung:	**Klassenelternversammlung**
Zweck:	In jedem Schuljahr sind möglichst in den ersten drei Monaten nach Unterrichtsbeginn Klassenelternversammlungen durchzuführen, in denen den Eltern insbesondere Erziehungs- und Unterrichtsziele sowie unterrichtliche Verfahrensweisen erläutert werden. Der Klassenelternsprecher beruft nach Bedarf die Klassenelternversammlungen ein.
Teilnehmer:	An den Klassenversammlungen nimmt der Klassenlehrer teil. Die in der Klasse oder dem Stammkurs unterrichtenden Lehrer nehmen bei Bedarf teil.

Medientipps

Literaturtipps

Susanne Dannhorn:
36 Elternbriefe in 7 Sprachen:
Arabisch, Bosnisch, Kroatisch,
Serbisch, Polnisch, Russisch, Türkisch.
PDF-Download unter
www.verlagruhr.de/shop

Jörg Dräger:
**Dichter, Denker, Schulversager:
Gute Schulen sind machbar –
Wege aus der Bildungskrise.**
Deutsche Verlagsanstalt, 2011
ISBN 978-3-4210-4529-4

Maike Grunefeld, Silke Schmolke:
**Individuelles Lernen mit System.
Ein praxiserprobtes Jahrgangskonzept
für alle Grundschulklassen.**
Verlag an der Ruhr, 2011
ISBN 978-3-8346-0765-2

Anke Hennig, Sabine Willmeroth:
**111 Ideen für eine gewinnbringende
Elternarbeit. Vom Elternabend bis
zum Konfliktgespräch.**
Verlag an der Ruhr, 2012
ISBN 978-3-8346-0935-9

Kerstin Klein:
**KlassenlehrerIn sein.
Das Handbuch.**
Strategien, Tipps, Praxishilfen
Verlag an der Ruhr, 2006
ISBN 978-3-8346-0154-4

Werner Sacher:
Elternarbeit schülerorientiert.
Cornelsen Scriptor, 2009
ISBN 978-3-589-05148-9

Elke Schlösser:
**Zusammenarbeit mit Eltern –
interkulturell.**
Ökotopia, 2004
ISBN 978-3-9362-8639-7

Ralph Zeiler:
**Kollegiale Fallberatung in der
Schule – warum, wann und wie?**
Verlag an der Ruhr, 2012
ISBN 978-3-8346-2235-8

*Gesa Hintze, Eleonore Hoedtke,
Stephanie Kupske, Dana Schöne:*
**Lerndokumentationen leicht erstellen.
Digitale Formulare und Textbausteine
für Portfolios, Lernstandsdiagnosen
& Co.**
Verlag an der Ruhr, 2012
ISBN 978-3-8346-0916-8

Internettipps

Bundeselternrat:
www.bundeselternrat.de

Informationen über Aufgaben der
Elternvertreter in den Bundesländern
bieten die Landeselternverbände.
Elternvertreter finden hier Anregungen
und Informationen. Hier können meist
auch gut verständliche Broschüren
bestellt oder per Download herunter-
geladen werden[23]:

- **Baden-Württemberg:**
  www.leb-bw.de
- **Bayern:**
  http://bayerischer-elternverband.
  blogspot.de
- **Berlin:**
  www.lea-berlin.de
- **Brandenburg:**
  www.ler-brb.de

Medientipps

- Bremen:
  www.zeb-bremen.de/_headerimage/index.php?rubric=Startseite
- Hamburg:
  www.elternkammer-hamburg.de
- Hessen:
  www.leb-hessen.de/index.php?id=56
- Mecklenburg-Vorpommern:
  www.ler-mv.de
- Niedersachsen:
  www.landeselternrat-nds.de
- Nordrhein-Westfalen:
  http://landeselternschaft-nrw.de/wp
- Rheinland-Pfalz:
  http://leb.bildung-rp.de/start/aktuelles.html
- Saarland:
  www.elternvertretung-glevsaar.de
- Sachsen:
  www.landeselternrat-sachsen.de
- Sachsen-Anhalt:
  www.landeselternrat-lsa.de
- Schleswig-Holstein:
  www.schleswig-holstein.de/Bildung/DE/Zielgruppen/Eltern/Elternvertreter/elternvertreter_node.html
- Thüringen:
  http://lev-thueringen.de

Schulgesetze der Länder:
www.kmk.org/dokumentation/rechtsvorschriften-und-lehrplaene-der-laender/uebersicht-schulgesetze.html

Fremdsprachige Einladungen und Elternbriefe:
www.rg-islam.de/phsprach.htm
www.ane.de/startseite.html
www.nuertingen-grundschule.de
www.sachsen-anhalt.de/fileadmin/Elementbibliothek/Bibliothek_Integrationsportal/ Dokumente/Downloads/2012/Juli_2012/uebersetzungen_sekundarschulen_190712.pdf

Zitate zu Bildung, Erziehung, Schule:
www.zitate.de
www.grundschulmarkt.de/zitate.htm

Links und Tipps zur Gestaltung des Elternabends:
www.autenrieths.de/links/linkelte.htm#Allgemein

Abbildungen

Ich bedanke mich bei der Grundschule Salzdahlum, in der ich viele der abgebildeten Motive fotografieren durfte. Abbildung „Gesichter" (S. 61 und 68) entstand dort im Unterricht von Bernhardine Bahri, Abbildung „Wörterklinik" (S. 158) im Unterricht von Simone Kellermann.

Fußnoten

[2] Einen Überblick über die genauen Regeln für Ihr Bundesland finden Sie im Abschnitt „Rechtliche Grundlagen" ab S. 163.

[3] Schulgesetz NRW vom 1.7.2011, Erster Abschnitt § 2

[4] Nach Werner Sacher, „Elternarbeit schülerorientiert", Cornelsen Scriptor, Berlin 2009

[5] Internetadresse vom Arbeitskreis Neue Erziehung: www.ane.de. Die Grundschule Nürtingen, Berlin, stellt Elternabend-Einladungen in Türkisch und Arabisch als PDF ins Netz: www.nuertingen-grundschule.de. Außerdem im Verlag an der Ruhr als PDF-Download erschienen: „36 Elternbriefe" in 7 Sprachen übersetzt: Arabisch, Bosnisch, Kroatisch, Polnisch, Serbisch, Russisch, Türkisch.

[6] Auf der Seite des Bundeselternrates finden sich die Internetadressen aller Landeselternräte. Hier sind länderspezifische Handreichungen für zukünftige Elternvertreter zu finden: www.bundeselternrat.de. Informationen über Rechte und Pflichten der Elternvertreter finden sich auch unter www.bildungsserver.de.

[7] Bausteine für Einladungen und Elterninformationen in Türkisch, Arabisch und Kyrillisch finden Sie im Internet. Im Literaturverzeichnis sind einige Adressen aufgeführt.

[8] vgl. „Zusammenarbeit mit Eltern – interkulturell", Elke Schlösser, Ökotopia Verlag Münster 2004

[9] Zitate zu Schule und Erziehung z.B. unter www.zitate.de oder www.grundschulmarkt.de/zitate.htm. Hier finden Sie auch Karikaturen und Illustrationen – bitte Copyright beachten! (Stand 05/2012)

[10] Eine Kopiervorlage mit dem schwarzen Punkt finden Sie auf der CD zu diesem Buch.

[11] Die Kinder-Suchmaschine Blinde Kuh bietet ein ägyptisches Zeichensystem an. Hier können direkt Wörter eingegeben werden, die dann in die Hieroglyphenschrift übersetzt werden. Zu finden unter www.blinde-kuh.de/egypten/hieroglyphen.html (Stand 05/2012).

[12] Eine entsprechende Kopiervorlage finden Sie auf der CD zu diesem Buch.

[13] Sie müssen nicht alles selbst fotografieren. Lizenzfreie Fotos finden Sie im Internet in zahlreichen Datenbanken. Gut sortiert ist beispielsweise www.fotolia.com und www.pixelio.de.

[14] Eine spannende Lektüre darüber, was Märchen bedeuten und wie Kinder sie erleben, ist das Buch des Psychologen und Märchenforschers Bruno Bettelheim: „Kinder brauchen Märchen", Deutscher Taschenbuch Verlag;

[15] gefunden am 17.4.2010 unter www.kindergarten-workshop.de/index.html?/geschichten/fee.htm

[16] Der beschriebene Einstieg eignet sich ebenso gut für das Thema „Umgang mit Computerspielen oder Spiel-Konsolen".

[17] Ein Muster für einen Fragebogen, der die an den Stationen benötigten Fähigkeiten abfragt, finden Sie auf der CD zu diesem Buch.

[18] Eine Kopiervorlage mit dem Sütterlin-Alphabet finden Sie auf der beiliegenden CD.

[19] Ein Muster für ein Kurz-Protokoll finden Sie auf der beiliegenden CD.

[20] Eine Kopiervorlage für einen Handlungsplan finden Sie auf der CD. Oder zeichnen Sie einen Handlungsplan an die Tafel oder auf einen großen Papierbogen, damit alle Teilnehmer ihn vor sich haben, und dokumentieren das Ergebnis mit der Digitalkamera.

[21] Vergleiche Fußnote 6 – Sinnvollerweise sollten Schulelternrat oder Schulleitung die Bestellung für alle Klassen übernehmen.

[22] Ein einfaches und kostenfreies Programm für Tonaufnahmen und Tonschnitt ist Audacity. Kostenloser Download über http://audacity.sourceforge.net/

[23] Internetadressen aktuell am 2.8.2012